AF668775

تاریخِ دکن کے چند گوشے

(۱۳۴۷ء تا ۱۹۳۰ء)

ASPECTS OF THE DECCAN HISTORY
[From 1347 To 1930]

از:

ڈاکٹر زیب حیدر

© Taemeer Publications
Tareekh-e-Deccan ke chand goshe
by: Dr. Zaibunnisa Haidar
Edition: January '2023
Publisher & Printer:
Taemeer Publications, Hyderabad.

ISBN 978-81-19-02203-8
9 788119 022038

مصنف یاناشر کی پیشگی اجازت کے بغیر اس کتاب کا کوئی بھی حصہ کسی بھی شکل میں بشمول ویب سائٹ پر اَپ لوڈنگ کے لیے استعمال نہ کیا جائے۔ نیز اس کتاب پر کسی بھی قسم کے تنازع کو نمٹانے کا اختیار صرف حیدرآباد (تلنگانہ) کی عدلیہ کو ہو گا۔

© تعمیر پبلی کیشنز

کتاب	:	**تاریخ دکن کے چند گوشے** (۱۳۴۷ء تا ۱۹۳۰ء)
مصنف	:	**زیب حیدر**
صنف	:	تحقیق
ناشر	:	تعمیر پبلی کیشنز (حیدرآباد، انڈیا)
زیر اہتمام	:	تعمیر ویب ڈیولپمنٹ، حیدرآباد
ترتیب / تہذیب	:	مکرم نیاز
سالِ اشاعت	:	۲۰۲۳ء
تعداد	:	(پرنٹ آن ڈیمانڈ)
طابع	:	تعمیر پبلی کیشنز، حیدرآباد - ۲۴
صفحات	:	۱۲۶
سرورق ڈیزائن	:	مکرم نیاز

فہرست مضامین

انتساب

امی

جہاں پرور بیگم عرف وقار النساء بیگم

کے نام

جن کی شفقت اور محبت نے

مجھے سب کچھ دیا

پیش لفظ

تحقیق اور وہ بھی تاریخی تحقیق ایک نہ ختم ہونے والا کام ہے ۔ جب ایک موضوع پر کام شروع کیا جائے تو راستہ میں کئی اہم اور دلچسپ چیزیں ملتی ہیں ۔ اگرچہ اکثر راست موضوع سے ان کا کوئی رشتہ نہیں ہوتا لیکن انہیں نظرانداز بھی نہیں کیا جاسکتا۔

ڈاکٹر زیب النساء گذشتہ چوتھائی صدی سے ادبی اور تاریخی تحقیق کے کام میں لگی ہوئی ہیں ۔ نواب میر نظام علی خان کے دارالانشاء پر انہوں نے ایک مبسوط مقالہ لکھا جو اپنی نوعیت میں منفرد اور نہایت اہمیت کا حامل ہے لیکن اپنے اصل مقصد کی چھان بین کے دوران اور کئی نئے حقائق ان کے ہاتھ آئے جن سے انہوں نے صرف نظر نہیں کیا ۔ اپنا مقالہ مکمل کرنے کے بعد اس طرف توجہ دی ۔ اس طرح چند تحقیقی مضامین کا یہ مجموعہ تیار ہوگیا ۔ اس میں کئی نئے حوالے بھی ہیں اور نقاطِ نظر بھی ۔

مجھے خوشی ہے کہ اب یہ مضامین چھپ رہے ہیں جو دکن کی تاریخ و تہذیب سے دلچسپی رکھنے والوں کے لئے دلچسپی کا باعث ہونگے ۔

محمد ضیاالدین شکیب

ڈپارٹمنٹ آف جنرل ایجوکیشن

والتھم فارسٹ کالج

لندن ۔ ای 17

بسم اللہ الرحمن الرحیم

کچھ کتاب کے بارے میں

اس کتاب میں ایسے مضامین شامل ہیں جن کی تیاری میں اسٹیٹ آرکائیوز حیدرآباد کے مخزونہ اسناد سے مدد لی گئی ہے جو اولین ماخذ کی حیثیت رکھتے ہیں ۔ جن میں فرامین اخبارات اسناد عقلیت نامہ جات تہہ نامے واجب العرض یاد داشت وغیرہ سے مواد حاصل کیا گیا ہے ۔ جو بہت ہی اہمیت کا حامل ہے ۔آصف جاہی سلطنت کے انتظام سلطنت کو سمجھنے میں اس سے بہت مدد ملتی ہے اور بعض مضامین ایسے ہیں جو سکوں اور کتبوں سے متعلق ہیں اس کے لئے اسٹیٹ آرکائیوز کے مخزونہ سکے سالار جنگ لائبریری حیدرآباد اور عثمانیہ یونیورسٹی حیدرآباد کے کٹیلاگس اور وہاں کے مخزونہ سکوں سے مدد لی گئی ہے ۔ بہر حال اس کتاب میں جو مواد موجود ہے وہ اولین ماخذوں سے اخذ کیا گیا ہے ۔ اور میرا خیال ہے کہ آگے تحقیق کرنے والوں کے لئے اس سے بہت مدد مل سکتی ہے ۔

تشکر

سب سے پہلے میں محترم ڈاکٹر ضیاء الدین احمد صاحب شکیب کی مشکور ہوں کہ آپ کی رہنمائی میں میں نے آرکائیوز کے ریکارڈ پر کام کرنا سیکھا ۔ اور محترم پدما شری ڈاکٹر شریف النساء انصاری کی رہنمائی بھی ان مضامین کے سلسلے میں رہی ۔ محترم ڈاکٹر مغنی تبسم صاحب کی شکر گزار ہوں کہ آپ نے ان مضامین کے متعلق اپنا قیمتی وقت دیکر مشوروں سے نوازا ۔ اور سب

رس کے صفحات پر ان کو جگہ دی ۔ دوستوں میں پروفیسر سیدہ بشیر النساء بیگم صدر شعبہ فارسی جامعہ عثمانیہ اور پروفیسر اشرف رفیع صاحبہ شعبہ اردو جامعہ عثمانیہ کی بھی میں ممنون ہوں ۔ آخر میں میں اپنا خوشگوار فرض سمجھتی ہوں کہ برادرم ڈاکٹر بیگ احساس صاحب کا شکریہ ادا کروں جن کی مدد کے بغیر اس کتاب کی طباعت کا مرحلہ ناممکن تھا ۔ حافظ نذیر الدین صاحب پروپرائٹر الفلاح کمپیوٹر، کی شکر گزار ہوں کہ انہوں نے بہت ہی تندہی سے کتاب کی کمپوزنگ اور طباعت میں مدد فرمائی ۔

زیب النساء حیدر

ریڈر شعبہ فارسی جامعہ عثمانیہ حیدرآباد

سلطنت بہمنیہ کا ایک درخشندہ ستارہ خواجہ محمود گاواں

نیست در ایران زمیں سامان تحصیل کمال
چوں نیامد سوئے ہندوستان حنا رنگیں نہ شد

ہندوستان میں فارسی زبان گیارھویں صدی ہجری میں محمود غزنوی کے ساتھ داخل ہوئی ۔ اور لاہور فارسی زبان و ادب کا مرکز بنا ۔ اس کے بعد خاندان غلامان کا قیام عمل میں آیا ۔ دہلی پایہ تخت بنا اور اس طرح لاہور سے دہلی میں فارسی شناس داخل ہوئے اور ان کے ساتھ علمی و ادبی مرکز بھی دہلی منتقل ہوا ۔ خلجیوں میں خاص طور پر علاؤالدین خلجی جب دکن پر حملہ کرتا ہے تو فارسی زبان دوآبہ گنگ و جمن سے نکل کر راس کماری تک پہنچ جاتی ہے ۔ اس کے بعد تغلق خاندان آتا ہے اسی زمانے میں دکن میں آزاد حکومت کا قیام عمل میں آیا ۔ محمد تغلق نے دیوگڑھ کو پائیہ تخت بنا کر اس کا نام دولت آباد رکھا ۔ یہی بہمنی سلطنت کے قیام کا زمانہ ہے ۔

بہمنی سلطنت کی تاسیس چودھویں صدی کے وسط میں عمل میں آئی (۷۴۸ تا ۹۳۴ھ مطابق ۱۳۴۷ء تا ۱۵۲۷ء) یہ دکن کی تاریخ کا دلکش و تابناک باب ہے ۔ اس کا اقتدار سرزمین دکن پر تقریباً دو سو سال تک رہا ۔ ان کا پہلا پایہ تخت گلبرگہ تھا اور اس کے تقریباً اسی برس بعد ان کا سیاسی و تمدنی مرکز ثقل محمد آباد بیدر منتقل ہوا جو قلب دکن میں واقع ہے ۔ عام طور پر یہ خیال کیا جاتا ہے کہ عہد بہمنی تمدنی و ادبی اعتبار سے تہی دست ہے یہ انتہائی غلط

نظریہ ہے۔ اس نے ہندوستان کی عہد وسطی کی تاریخ میں تہذیب و تمدن کے ارتقاء کے لیے جو گراں بہا خدمات انجام دی ہیں وہ ماضی کا نا قابل فراموش واقعہ ہے۔ انھوں نے علم وفنون، ادب، وشاعری کی سرپرستی کی۔ ان کے دربار میں کے ادیب، شاعر، فلسفی، ماہر فلکیات، مورخ، علما اور ارباب کمال موجود رہتے تھے۔ ان کے زمانے میں سرزمین دکن عالموں، فاضلوں، ادیبوں اور پاک باطن ہستیوں کا مرکز بن گئی اور ایک خاص علمی فضا پیدا ہوگئی۔ ان میں زیادہ تر تعداد ایران اور ماورالنہر سے آنے والوں کی تھی جو فارسی زبان و ادب کی روایات اپنے ساتھ لے آئے اور تھوڑے ہی دنوں میں دکن کے معاشرے کو اعلیٰ تمدنی اقدار اور لطافت وشائستگی کی دولت عطا کی۔

خواجہ محمود گاواں ہر حیثیت سے سلاطین بہمنیہ کے عہد بیدر کی سب سے زیادہ ممتاز ہستی ہے۔ وہ مجلس شوریٰ میں بیدار، مغز مشیر، میدان جنگ میں کامیاب سپہ سالار، علما کی محفل میں عالم باعمل، فقرا میں صوفی صافی اور سیاست کے میدان میں ایک کامیاب مدبر اور وزیر اعظم تھا دکن کے عہد وسطیٰ کی تاریخ کی درخشانی اس کے تعلیمی، ادبی، سیاسی اور تمدنی کارناموں سے عبارت ہے۔ جو ہمارے لیے ایک بیش بہا ورثے کی حیثیت رکھتے ہیں۔ غیر معمولی تدبر سیاسی بصیرت اور دل ودماغ کی بہترین صلاحیتوں کی بنا پر اس کا شمار نظام الدین طوسی۔ ابوالفضل عیلامی کی صلت میں ہوتا ہے۔

کمال الدین محمود جیلان کے ایک گاؤں میں ۸۱۳ھ میں پیدا ہوئے۔ ان کے آباواجداد شاہان ایران کے طبقہ وزرا میں شریک تھے۔ ان کے والد کا نام خواجہ محمد تھا۔ ابتدائی تعلیم گیلان میں پائی۔ وہ عام دنیاداروں کی محبت

کے بجائے صاحبان کمال کی صحبت کے دلدادہ تھے ۔ خواجہ کے والد کے انتقال کے بعد گیلان کا ماحول ان کے لیے سازگار نہیں رہا ۔ انھوں نے اپنی ضعیف ماں کے مشورے پر اپنے وطن کو ہمیشہ کے لیے خیرباد کہا ۔ تجارت کو وجہ کسب معاش اور دنیا کی سیر کا ذریعہ بنایا ۔ جب ان کا سن چالیس برس سے متجاوز ہوگیا تو خلیج فارس سے ہندوستان کا ارادہ کیا ۔ ۸۵۶ ھ میں اور دل کی بندرگاہ پر اترے اور وہاں سے سیدھے محمد آباد بیدر کا رخ کیا جو اس وقت بہمنی سلطنت کا پایہ تخت تھا ۔ ان کے لیے بیدر میں حضرت نعمت اللہ کرمانی کے فرزند کا وجود اپنے اندر سامان کشش رکھتا تھا وہ حضرت کی زیارت سے فراغت پا کر دہلی جانے کا عزم رکھتے تھے ۔ اس وقت تک خواجہ کے علم و فضل اور اخلاق کا دکن میں شہرہ ہوچکا تھا ۔ سلطان وقت علاء الدین احمد شاہ ثانی بڑا علم دوست اور علماء فضلا کا قدرداں تھا ۔ اس نے خواجہ کی بڑی قدردانی کی اور اس جوہر بے بہا کو دہلی جانے سے روک لیا ۔ اس کے بعد ہمایوں شاہ نے خواجہ کو وکیل شاہ (وزیر اعظم) کے عہدے پر سرفراز کیا ۔ محمد شاہ ثالث کا زمانہ جو خواجہ کے لیے معراج کمال اور اقبال مندی کا زمانہ تھا ۔ بادشاہ اور اس کی ماں ملکہ مخدومہ جہاں خواجہ کی بے حد قدر کرتے تھے ۔ خواجہ کے کارناموں میں گوا کی فتح سب سے بڑا کارنامہ ہے ۔ اسی زمانے میں خواجہ نے بیدر میں ایک عظیم الشان رسد گاہ کی بنیاد ڈالی ۔ دکن کے علمی معیار کو بلند کرنے اور دکن کو علم کے میدان میں بین الاقوامی موقف عطا کرنے کے لیے خواجہ نے ایران کی ممتاز ہستیوں کو دکن آنے کی دعوت دی ۔ جن میں نور الدین عبدالرحمن جامی جیسی شخصیت بھی شامل ہے ۔ خواجہ کی روز افزوں ترقی اور بادشاہ کیے پاس قدر

و منزلت دیکھ کر بعض امرا اس کے دشمن ہوگئے ۔ اور انھوں نے اس کو قتل کرنے کے منصوبہ بنایا جس میں انھیں کامیابی نصیب ہوئی ۔ اور بہمنی سلطنت نے ایک مخلص اور بہی خواہ کو ہمیشہ کے لیے کھودیا ۔ اور یہی خون ناحق بہمنی سلطنت کے زوال کا سبب بنا ۔ یہ خونی ڈرامہ ۵ صفر ۱۸۸۶ء کو کھیلا گیا ۔ اس واقعہ کی تاریخ ان کے ایک ندیم نے اس طرح بیان کی ہے ۔

بے گناہ محمود گاواں شد شہید

محمود گاواں کی نجی زندگی ایک جوئے خوش آب کی مانند تھی ۔ جو ایک بلند اخلاق نصب العین کی طرف رواں رہی ۔ وہ جود و کرم ، ہمت اور حوصلہ میں بے نظیر تھا ۔ طبیعت میں سیر چشمی ، بلند نظری اور اعلیٰ ظرفی بدرجہ اتم پائی جاتی تھی ۔ اس کی ذات اقبال کے اس شعر کی تفسیر تھی ۔

نگہ بلند ، سخن دل نواز ، جاں پر سوز
یہی ہے رختِ سفر میر کارواں کے لیے

ایک معاصر روسی سیاہ نکیشن کے سفرنامے سے اس کی خانگی زندگی پر روشنی پڑتی ہے ۔ وہ لکھتا ہے کہ اس کے گھر پر ہر وقت پانچ سو آدمی کھانا کھاتے تھے جن میں اکثریت معمولی طبقے کی تھی ۔

اس کی شخصیت میں فقر و امارت کا حیرت انگیز امتزاج ملتا ہے ۔ جس وقت کرسی وزارت پر جلوہ افروز ہوتے تو ایک اعلیٰ مرتبہ وزیر جس کی اردلی میں چار ہزار سوار ہوتے تھے لیکن جب وہ مکان لوٹتے تو ان کی حالت بالکل بدلی ہوئی ہوتی ۔ آرام و آسائش کا یہ حال تھا کہ زمین پر چٹائی بچھا کر سوتے تھے ۔ بہر حال ان کی سرکاری اور خانگی زندگی فقر اندر قبائے شاہی کا بہترین نمونہ

تھی۔

بیدر کی علمی و تمدنی سربلندیاں خواجہ کی شخصیت سے عبارت تھیں۔ ان کی علمیت ہنلدت اعلیٰ درجے کی تھی۔ فلسفہ، منطق، ریاضی، طب، جراحی اور دیگر علوم وفنون میں کامل دستگاہ حاصل تھی۔ عربی اور فارسی اور وسیع مطالعے کا اظہار ہوتا ہے۔ ان کی تصانیف میں باقیات الصالحات کے طور پر دو کتابیں نثر میں اور چند متفرق اشعار موجود ہیں جن کی بدولت ان کا نام عہد وسطیٰ کی فارسی ادب میں زندہ رہے گا۔ وہ کتابیں ہیں ریاض الانشاء اور مناظر الانشاء۔

مناظر الانشا میں فن انشا کے آداب اور ضوابط مرقوم ہیں۔ یہ کتابیں نہ صرف عہد وسطیٰ کی فارسی نثر کا بہترین نمونہ ہیں بلکہ ان کا شمار فن انشا کی اہم کتابوں میں ہوتا ہے۔ قدرت نے خواجہ کی شخصیت کج قبا علم و ادب اور سیاست و تدبر کے تانے بانے سے تیار کی تھی۔ مشرقی آداب زندگی کی خوبو سے اس میں عظمت اور شان دل پذیری عطا کی تھی۔ اسی بنا پر اس میں بڑی جامعیت، گہرائی اور گیرائی پائی جاتی ہے۔ وہ اپنی ذات میں ایک ادارہ تھے۔ انھوں نے دکن کے عہد وسطیٰ کی سیاسی تمدنی اور ادبی زندگی پر اپنی شخصیت کے گہرے نقوش چھوڑے۔ ریاض الانشاء خواجہ کے ۱۴۸ خطوط کا مجموعہ ہے۔ جو عہد وسطیٰ کے انشا کا اعلیٰ نمونہ اور ادبی شاہکار کی حیثیت رکھتا ہے۔ خطوط وزارت عظمیٰ کی اہم ذمے داریوں کی تکمیل اور سلطنت کی انتظامیہ کی مصروفیات کے دوران لکھے گئے ہیں جن کا مقصد اپنے مذاق ادبی کو تازہ رکھنا اور ایران کے علم و ادب اور زہد و عرفان کی ممتاز ہستیوں سے ادبی اور روحانی رابطہ

استوار رکھنا تھا ۔ ان خطوط کو خود خواجہ نے اپنے دوستوں کے اسرار پر کتابی شکل دی اور ریاض الانشاء کے نام سے پیش کیا۔

ان خطوط کے مضامین کا افق بے حد وسیع ہے ۔ تاریخی اعتبار سے یہ خطوط پچاس سال کے زمانے پر حاوی ہیں ۔ ان میں علم و ادب ، سیاست و تاریخ ، تمدن و تہذیب ، زہد و عرفان ، انسانی سیرت و نفسیات اور رزم و بزم کے تعلق سے ایک جہان معنی آباد ہے ۔ ان سے کاتب کی ہمہ گیر اور متنوع شخصیت پر روشنی پڑتی ہے ۔ مضامین اور مطالعہ کے لحاظ سے خواجہ کے خطوط کی بطور ذیل درجہ بندی کی جاسکتی ہے ۔

۱۔ ایسے خطوط جو بیرون ہند کے بادشاہوں ، وزیروں اور شہزادوں کے نام موسوم ہیں ان سے اس زمانے کی تاریخی فضاء ، بہمنی سلطنت کے سیاسی حالات ، خارجی تعلقات فوجی مہمات پر روشنی پڑتی ہے ۔

۲۔ ایسے خطوط جو ہندوستان کے بادشاہوں اور وزراء کے موسومہ ہیں جن میں گجرات ، مالوہ اور جون پور کے بادشاہ اور وزیر شامل ہیں ۔ ان خطوط سے اس عہد کے باہمی ممالک سفارتی تعلقات کا اندازہ ہوتا ہے ۔ یہ خطوط تاریخی اہمیت کے حامل ہیں ۔

۳۔ وہ خطوط جو میدان کارزار سے دکن کے وزرا لے نام لکھے گئے ہیں جس سے بہمنی دربار میں خواجہ کے خلاف سازش اور ریشہ دوانیوں کا اندازہ ہوتا ہے اور خواجہ کے قتل کے محرکات کے سمجھنے میں بڑی مدد ملتی ہے ۔

۴ ۔ وہ خطوط جو انھوں نے اپنے عزیزوں ، دوستوں اور بیٹوں کے نام لکھے ہیں ۔ ان کی نوعیت خانگی ہے ۔ جن سے خواجہ کے ان عزائم اور نیک

تمناؤں کے سمجھنے میں بڑی مدد ملتی ہے۔ جو انھوں نے اپنی اولاد کے ساتھ وابستہ کی تھیں۔

۵۔ دکن کے تاریخی، معاشرتی حالات اور تہذیب و تمدن کے متعلق تقریباً ہر خط سے کچھ نہ کچھ معلومات حاصل ہوتی ہیں۔ چنانچہ خواجہ نے ایک خط میں دکن کے تین سالہ قحط کا ذکر نہایت تفصیل سے کیا ہے۔

۶۔ خواجہ محمود گاواں کے خط سے ان کی بین الاقوامی شہرت اور مختلف سلاطین کے درباروں میں ان کے اثر ورسوخ کا اندازہ ہوتا ہے۔

۷۔ خواجہ کے دل میں خاص طور سے دکن سے محبت پائی جاتی تھی۔ یہاں کے تمدنی اقدار ان کے لیے بڑی کشش کا سامان رکھتی تھیں۔ اس بناء پر انھوں نے ایران کی ممتاز ہستیوں کو دکن آنے کی دعوت دی تھی۔ ان خطوط سے دکن کی خوش حالی، شان و شوکت اور تمدنی برتری کا اظہار ہوتا ہے۔

۸۔ خواجہ کے خطوط سے ان کی شخصیت کی دلکشی اور رنگارنگی پر روشنی پڑتی ہے۔ خطوط کاتب کی دلی جذبات و خیالات کا آئینہ ہوتے ہیں۔ جس مین وہ اپنے خد و خال کی جھلک دیکھتا ہے چنانچہ ریاض الانشاء کے آئینے میں خواجہ کی نیک نفسی، شرافت، دین داری اور علم سے سچی محبت ظاہر ہوتی ہے۔

خواجہ محمود گاواں کو فن انشا کے اصول اور سالیب پر کامل دستگاہ حاصل تھی وہ بڑے طباع اور ذہین تھے۔ ان کا دماغ آیات قرآنی، احادیث نبوی اور عربی و فارسی کے برجستہ اور فصیح اشعار اور پُر از حکمت ضرب الامثال کا گنجینہ تھا۔ عربی اور فارسی ادب کی تمام اصناف پر گہری نظر تھی۔ ان کو علم لغت پر بھی عبور حاصل تھا۔ وہ الفاظ کے مزاج کے نباض تھے۔ اور ان

کے استعمال کا سلیقہ رکھتے تھے ۔ وہ ترکیبوں کے بادشاہ تھے ۔ جملوں میں الفاظ اور ترکیبوں کی نشست اور در و بست میں تعمیری تعبیرات رکھتے تھے ۔ ان تمام عناصر کے امتزاج سے ان کا اسلوب تشکیل پایا جس نے ریاض الانشاء کو عہد وسطی کے فن انشاء کا بہترین نمونہ بنادیا ۔ ان کی تحریر کا ہر لفظ اور ہر جملہ فصاحت و بلاغت کے نصاب پر کامل اترتا ہے ۔ ان کا میلان عبارت آرائی اور لفظ پرستی کی طرف تھا ۔ ان خطوط کی تمہیدیں باندتے تھے ۔ ان کی بعض تمہیدوں میں بہاریہ قصاید کی طرح موسم بہار کا تلازمہ پایا جاتا ہے جس میں وہ زبان و بیان کی مینا کاری اور خیالات کی لطافت سے نثر کو شعر کا لب و لہجہ عطا کرتے ہیں ۔ خواجہ محمود گاواں کو عربی و فارسی میں شعر گوئی سے خاص شغف تھا فرشتہ نے ان کے ایک دیوان کا ذکر کیا ہے ۔ جو آج کل ناپید ہے ۔ اس کے متفرق اشعار تذکروں میں اور ان کی تصانیف ریاض الانشاء اور مناظر الانشاء میں ملتے ہیں جن کے مطالعے سے ان کی اعلیٰ شاعرانہ صلاحیت کا پتہ چلتا ہے ۔

ان کے کلام کے جو نمونے دستیاب ہوئے ہیں وہ تقریباً تمام اصناف سخن پر حاوی ہیں جن پر ان کو یکساں قدرت حاصل تھی ۔ ان اشعار سے ان کا مذاق [illegible] بلند تخیل زبان و بیان پر حاکمانہ قدرت ظاہر ہوتی ہے ۔ ان کو اپنی افکار خیالات [illegible] اظہار خوشنما پیرایہ عطا کرنا آتا تھا اس کی شاعری میں فکر کا عنصر غالب ہے ۔ ا[illegible]م معنوی خوبیوں کے باوجود اس کی شاعری میں وہ طبعی Natural طاقت [illegible] نہیں آتی ۔ جو انسان کے جذبات و احساسات کو نرم نازک زبان عطا کرتی [illegible] کی شاعری جذبات و احساسات کی شاعری نہیں ہے ۔ بلکہ فکر و شعور کی [illegible] ۔ اسی بناء پر خواجہ کی نثر ان کی شاعری پر

فوقیت رکھتی ہے۔ فارسی ادب کی تاریخ میں ان کی عظمت اور ان کا نام ان کے نثری شاہکاروں کی وجہ سے زندہ رہے گا۔ ناکہ شاعری سے۔ البتہ شاعری سے ان کے ادبی شعور اور شستہ مذاق پر روشنی پڑھتی ہے۔ ریاض الانشاء سے چند اشعار بطور نمونہ پیش ہیں۔

در وصل گو صد ہزار صاحب ہوس است
تا خود بہ وصال تو کرا دست رس است
آنکس کہ بیافت دولتی یافت ازیں
وہ آنکس کہ نیافت درد نہ یافت بس است

فرخندہ طائری کہ ز چنگ جہاں پرست
وانگہ بدام عشق دل او اسیر شد
نیست گیلاں در خور جاہت بکش چوں عار جام
گاہی از مشرق برائی و گاہ در مغرب خرام

چوں بشنوی سخن اگر بہ فعل آری
کلید گنج سعادت در آستیں آری
وگر تو در نصیحت بدرج دل نہ نہی
بسی خوری ز کف دہر سیلی خواری

عام طور پر متاخر اور جدید مؤرخین نے خواجہ م[illegible] کے واقعات شہادت کا ماخذ فرشتہ اور برہان ماثر کو قرار دیا ہے۔ جس [illegible]یدا ایک جعلی خط پر ہے۔ شمس الدین بخاری (جو خواجہ کا ہم عص[illegible] بیان سے خواجہ کی

شہادت کے واقعہ پر روشنی پڑتی ہے۔ ملا سامی نے خواجہ کی شہادت کا قطعہ تاریخ یوں رقم کیا ہے۔ ؎

چوں خواجہ جہاں را ہرگز حرام خواری
درد دل نبود و می کرد پیوستہ جاں سپاری
گشت تو شہید و مغفور اے سامی بتحقیق
تاریخ کشتن او جو از حلال خواری

قطب شاہی دور کے کتبات

دنیا کی تاریخ میں اکثر و بیشتر یہ دیکھا گیا ہے کہ بعض ممالک نے دوسرے ممالک کی زبان کو اپنی مادری زبان کی طرح اپنالیا ہے، اور وہیں پر ان زبانوں کے ادبی شاہکاروں نے جنم لیا۔ اگر چہ کے زبان اپنے ایک ملک سے دوسرے ملک کے سفر کے دوران مختلف اسباب و علل کی بنا پر منفی و مثبت اثرات قبول کرتی رہی۔ جیسا کہ ایک قوم دوسری قوم پر غلبہ پاتی ہے۔ اسی طرح زبان کے ساتھ ساتھ مذہبی عقائد، تہذیب، تمدن سب ایک جگہ سے دوسری جگہ جاتے ہیں اور ان میں بھی اسی طرح کی تبدیلی واقع ہوتی ہے۔ فارسی زبان بھی ترکوں کے ساتھ ہندوستان آئی اور اس نے اپنا جو توطن حق پیدا کرلیا۔ اور رفتہ رفتہ اس کو انتظامی زبان کی حیثیت حاصل ہوگئی۔

کتبہ نویسی کی سند ایران میں یعنی حمانشی دور سے اور ہندوستان میں اشوک اعظم اور چندر گپت موریا کے دور سے موجود ہے۔ لیکن یہ امر مسلم ہے کہ یہ رسم بھی مصری، کلدانی اور آشوری تحریر کی طرح رائج تھی۔ یہ کام شروع میں اگرچہ کہ حب نفس کے لیے تھا آگے چلکر بھی طالب علموں کے لیے ایک اہم دستاویز ثابت ہوا۔ اگر یہ کتبات نہ ہوتے تو تاریخ کا ایک بڑا حصہ تاریکی کے نذر ہوجاتا۔

یہاں پر ہمیں دور قطب شاہی کے کتبات سے بحث ہے۔ یہ اپنی آپ نظیر ہیں اور یہی وجہ ہے کہ غیر ملکی سیاحوں اور ہر دانشوروں کو یہ اپنی طرف متوجہ کرتے ہیں یہ آثار ہماری تاریخی، تمدنی، اور قومی آثاثہ ہیں۔ قطب شاہی

آثار جن میں قلعہ ، محل ، پل ، مسجدیں ، عاشور خانے کنویں ، توپ وغیرہ ہیں اور جن پر فارسی اور عربی میں عبارتیں کندہ ہیں اس کے علاوہ یہاں تلگو آرمینی اور ڈچ زبانوں میں عبارتیں کندہ ہیں ۔ تلگو کتبات کے بارے میں ہمیں مختلف جگہوں میں معلومات فراہم ہوتے ہیں اور آرمینی وڈچ زبان کے کتبات اپوگڈھ میں مچھلی بندر کے ارمینی وڈچ قبرستانوں میں ملیں گے ۔

زبان اور علمی اعتبار سے ایک ہو کر اگر ہم غور کریں تو ان کی خوبصورتی رنگا رنگی ، نزاکت ، باریک بینی ، ان کی تراش خراش سے ہمیں قطب شاہوں کے تخیل ، دانشمندی اور اس زمانے کے معماروں کی ہنر مندی و چابک دستی کا پتہ چلتا ہے ۔

۱۹۱۴ء میں محکمہ اثار قدیمہ کے قیام کے بعد کئی رپورٹ اور جرنلس نکالے گئے جن میں ان کی تصاویر دی گئی ہیں جس سے ان کی اہمیت پر روشنی پڑتی ہے ۔

غلام یزدانی صاحب اور ان کے بعد علی اصغر بلگرامی صاحب نے ان آثار قدیمہ پر کام کیا ہے ۔ انھوں نے حیدرآباد شہر کے ساتھ ساتھ صوبوں میں بھی جو کتبات ملتے ہیں ان پر کام کیا ہے ۔ اور ایک فہرست مرتب کی ہے ۔

غلام یزدانی صاحب جو محکمہ آثار قدیمہ کے ڈائرکٹر تھے انھوں نے Epigraphica Muslim Indo Iranicha کے نام سے ایک کتاب لکھی اور علی اصغر بلگرامی صاحب نے آثار قدیمہ پر ایک کتاب لکھی

قطب شاہی بادشاہ جن کے آثار کتبوں کی صورت میں ہمیں دستیاب ہوتے ہیں ان کی فہرست حسب ذیل ہے ۔

۱۔ سلطان قلی قطب الملک ۱۵۱۸ تا ۱۵۴۳ء
۲۔ جمشید قلی قطب شاہ ۱۵۴۳ تا ۱۵۵۰ء
۳۔ سبحان قلی قطب شاہ ۱۵۵۰ء
۴۔ ابراہیم قلی قطب شاہ ۱۵۵۰ تا ۱۵۸۰ء
۵۔ محمد قلی قطب شاہ ۱۵۵۰ تا ۱۶۱۲ء
۶۔ محمد قطب شاہ ۱۶۱۲ تا ۱۶۲۶ء
۷۔ عبداللہ قطب شاہ ۱۶۲۶ تا ۱۶۷۲ء
۸۔ ابوالحسن تاناشاہ ۱۶۷۴ تا ۱۶۹۹ء

اس مضمون میں تمام کتبات کا تذکرہ کرنا طوالت کے خیال سے مشکل ہے اس لیے صرف چند اہم کتبات کی عبارتوں پر روشنی ڈالی جائے گی۔

پرانا پل

یہ کار واں ساہو کے قریب واقع ہے جس کی تاریخ بنا ۹۸۶ھ م ۱۵۷۸ء ہے جس پر دوبارہ مرمت کے بعد سکندر جاہ کے عہد میں حسب ذیل عبارت کندہ کی گئی۔ بہ عہد اسکندر شدہ تعمیر پل یکسر

زسعی راجہ چندو لعل از سابق بود بہتر بہ شاداں شد نہ جائے عزبی۔بہر تاریخش زسیل اینک بود محفوظ چوں اندام و بیم تحویل پوران سنگھ داروغہ ۱۲۲۶ھ م ۱۸۲۰ء

سکندر جاہ بہادر کے عہد میں جو طغیانی آئی تھی اس سے پل کو ضرر پہنچا اور اس کی دوبارہ تعمیر ہوئی۔ اس پل کو شہر حیدرآباد کی بناء سے ۱۴ سال پہلے سلطان ابراہیم قطب شاہ نے ۹۸۶ھ م ۱۵۷۸ء میں تعمیر کروایا اس کی تاریخ

بناء" صراط المستقیم" نکالی گئی ۔ اس سے محمد قلی و بھاگ متی کی داستان عشق منسوب ہے ۔ کہا جاتا ہے کہ بھاگ متی چار مینار سے قریب موضع چچلم میں رہتی تھی ۔ ڈاکٹر ضیاء الدین شکیب صاحب نے اس کی قبر کا پتہ لگایا جو یاقوت پورہ کے ایک محلہ املی بن میں موجود ہے اس پر کتبہ بھی موجود تھا اور عبدالصمد صاحب کا کہنا ہے کہ اس کے اسنادات ابھی اس جگہ مقیم اصحاب کے پاس موجود ہے ۔ اس پل پر یہ شعر بھی کندہ ہے جو اس کی تاریخ بناء سے متعلق ہے ۔

زتحت او گذرد ما بر و گذریم

ازین سبب شدہ تاریخ او گذر گہ ما ۹۸۶ھ

بادشاہی عاشور خانہ

یہاں پر خط طغرا مین عربی میں حسب ذیل عبارت درج ہے ۔

۔ نصر من اللہ و فتح قریب و بشرالمؤمنین ۔ غلام علی محمد قطب شاہ سنہ احدی والف ۱۰۰۱ھ

مغربی جانب دیوار پر حسب ذیل عبارت کندہ ہے ۔

آیۃ الکرسی ھو العلی العظیم تک لکھی ہے

اور اس کے ساتھ ابو المظفر محمد قلی قطب شاہ خلد اللہ ملکہ و سلطانہ ۱۰۰۵ھ

اور خط طغرا میں

ان المساجد للہ فلاتدعوا مع الہ واللہ واحد ۱۰۰۳ھ م ۱۵۹۴ء

بسم اللہ الرحمن الرحیم

قل کل یعمل علی شاکلتہ

ابو المظفر سلطان عبداللہ قطب شاہ یا اللہ یا محمد یا علی یا مفتاح الابواب

اللھم صلی علی محمدا لمصطفیٰ وعلی مرتضیٰ والبتول فاطمہ وصل علی سبطین الحسن و الحسین وعلی زین العباد

تو ملیت علیٰ خالقی و ماتوفیقی الا باللہ اللھم صلی علیٰ النبی الوصی و البتول و السطبین و السجاد و الباقر و الصادقا و الکاظم و الرضا و التقیٰ و النقی او لعسکری و المہدی علیھم السلام نو اسمائے چہاردہ معصومین علیہ الصلوۃ والسلام)

ان المتقین فی جنات وعیون ادخلوھا بسلام اس کے بعد کچھ عبارتیں ملیں گی جو آصف جاہی دور میں کندہ ہوئی ہیں ۔اس کے ساتھ ہی ساتھ خط آرائش میں سلطان عبداللہ قطب شاہ لکھا ہوا ہے ۔

جامعہ مسجد

یہ قریب چار مینار بس اسٹاپ واقع ہے جو نظامیہ جنرل ہاسپٹل کے روبرو ہے ۱۰۰٦ھ میں اس کی تعمیر ہوئی اس مسجد میں دو کتبے ہیں ایک حجر اسود پر جو نستعلیق رسم الخط میں ہے یہ باب الداخلہ پر نصب ہے جس کا رقبہ ٦ ۔ ۷ مربع فٹ ہے اور جن پر خط ذیل کندہ ہے ۔

جہانداری شاھان شہر باری
کہ نیکی دیدہ در عہدش نیکوئی
دل آشایش کند جاں تازہ گردد
زلعلش سرزند چو گفتگوی ۔

بنازم خود آنجامی نماید
تقاضائی مسلمانی غلوی
کسی پرسد اگر تاریخ اورا

زہے عالی بنائی خیر گوئی

تمام گشت بہ سعی ملک امیر الممالک

حرزہ باباخان

دوسرا کتبہ خط طغرا میں یا توقیع میں ہے۔

جس کا رقبہ ۱۲ - ۱۳ فٹ ۵ سمر ہے۔ یہ کتبہ پارہ سیقول کی پہلی آیت سے شروع ہوتا ہے اور آخر میں کتبہ العبد جمال الدین حسین ابن جلال الدین محمد الفخار شیرازی فی سنہ ۱۰۰۶ھ ۱۵۹۷ھ لکھا ہے۔

یہ مسجد گلبرگہ کی مسجد کے بعد اہمیت کی حامل ہے۔ اس کے خطاط کا نام باباخان ہے۔

گوشہ محل

یہ توپ خانہ یعنی عابد شاپ سے قریب ہے۔ یہ سلطان عبداللہ کا بنایا ہوا ہے لیکن اس کی تعمیر تاناشاہ کے زمانہ میں اختتام کو پہنچی ۱۰۹۷ھ میں شہزادے شاہ عالم نے یہاں خیمہ لگایا تھا۔ ہر جگہ شاہی محلات کے ٹھیرنے کی جگہ تھی۔ اس لیے اس کا نام گوشہ محل رکھا گیا۔ تاریخ ظفرہ کے جواز سے علی اصغر بلگرامی صاحب نے لکھا ہے کہ یہ محل ایک موضع میں تھا جس کا نام گوشہ تھا اور یہاں پر تاناشاہ نے ۱۸ ہزار مربع فٹ اور ۵۰ فٹ اونچا محل تعمیر کروایا اور اس کے ساتھ ہی ایک ذخیرہ آب بھی تعمیر ہوا جو اپنی مثال آپ ہے تاریخ ظفرہ سے یہ معلوم ہوتا ہے کہ حسب ذیل اشعار اس پر کندہ تھے جو اب اس بلڈنگ کے کسی حصہ میں دفن ہوگئے ہیں اور صرف ان کے آثار ملتے ہیں۔

شہر عالم پناہ والی قدر

کہ رسد فیض او بہ بحر و بر
رتبہ افزائے افزود دیملم
یلو فرمانراوائے حلفت اقلیم

سال تاریخ این رفع اثر
فردان روی صدق گفت بصر

اس عمارت کو دیکھنے سے معلوم ہوتا ہے کہ اس وقت بھی رعایا کی آسائش کا کس طرح خیال رکھا جاتا تھا۔

ٹولی مسجد

پرانے پل سے جو سڑک قلعہ تک جاتی ہے اس پر یہ مسجد واقع ہے۔ اس کا سنہ تعمیر ۱۰۸۲ھ ہے اس پر حسب ذیل عبارت خط نسخ اور خط گلزار میں لکھی ہوئی ہے۔ اس کے اوپر بیل بوٹے بنے ہوئے ہیں۔

لمن الملک الیوم للہ الواحد القھار

موسیٰ خاں بنا کرد این مسجد ش کہ نہ شد مستعار دور شاہ عبداللہ بتاریخ مسجد
چنین شاندار بنا کرد مسجد بعام لعدا ۱۰۸۲ھ

دوسرا کتبہ سنگ اسود کے دو ٹکڑوں پر بنا ہوا ہے جو ایک قبر کے نزدیک صحن میں ہے یہ کتبہ اس مسجد کا ہے جو شیخ محمد ابن خاتون نے بنوائی تھی جو عبداللہ قطب شاہ کا پیشوا تھا۔

در زمان خیر اندیش پیش گردوں بار گاہ
یافت اتمام این قبا از سعی شیخ پیشوا
خواستم چوں سال تاریخش زپیر گفت

شد بحکم شاہ عبداللہ ایں مسجد بنا

کتبہ لطف اللہ حسینی الحسینی التبریزی سنہ ۱۰۴۳ھ ۱۶۳۳.اس عبارت سے کاتب کا نام اور سنہ کا پتہ چلتا ہے۔

دائرہ میر مومن یہاں پر کئی کتبات خط ثلث میں لکھے ہوئے ہیں جو قدیم کتبہ نگاری کا بہترین نمونہ ہیں اور یہ عام طور پر غیر پالش شدہ سنگ اسود پر کندہ ہیں

حسب ذیل عبارت مسجد غسل خانہ کے قریب کندہ ہے جس سے معلوم ہوتا ہے کہ یہ مسجد ۱۰۳۴ھ میں تعمیر ہوئی۔

و بنائی ایں مسجد جہت ثواب علیفہ صالحہ ائمہ راکوہ ساجدہ بی بی خدیجہ بنت میر سید علی آسترآبادی ۔ شیخ آوند۔ ۱۰۳۴ھ یعنی یہ مسجد ساجدہ بی بی کے ایصال ثواب کے لیے تعمیر ہوئی جو میر سید علی استرآبادی شیخ آوند کی دختر تھیں اور ان کے مزار پر حسب ذیل عبارت کندہ ہے۔

• درود شریف، کلمہ شریف، آیات قرآنی - ناد علی صغیر - فوت علیفہ صالحہ صائمہ - ساجدہ بی بی خدیجہ .بنت میر سید علی استرآبادی شیخ آوند .بتاریخ عشر جمادی الاول ۱۰۳۱ھ

میرابو تراب فطرت کے مزار پر حسب ذیل عبارت درج ہے ۔ جس سے تاریخ وفات تو روز گار نیرنگی کرد نتواخت سرو خارج آھنگی کرد آن سینہ کہ عالمی دروی گنجد اکنوں تردود لنفس تنگی کرد

کتبہ مقبرہ شاہ راجو

یہ مقبرہ فتح دروازہ کے باہر قاضی بنڈہ کے پاس واقع ہے ۔آپ حسین شاہ ولی کے بھتیجے تھے ۔اور آپ کا نام شاہ رضی الدین الملقلب بہ شاہ راجو دوم

اور بیجاپور سے سلطان عبداللہ کے عہد میں حیدرآباد تشریف لائے تھے جس نے آپ کو جاگیر عطا کی۔ اور ابوالحسن تاناشاہ آپ کا مرید تھا۔ آپ کی وفات ۱۰۹۶ھ م ۱۶۸۴ء میں ہوئی۔ اور ابوالحسن تاناشاہ نے آپ کا مقبرہ بنوایا۔

لکڑی کے تختوں پر خط نستعلیق میں حسب ذیل عبارتیں کندہ ہیں یہ عمارت کے چاروں طرف لگائے گئے ہیں۔ مغربی دالان پر چھ طرح سے یہ لکھا ہے۔

ھوالعلی الاکبر

۱۔ شاہ راجو شہ ستودہ خصال (ھوالعلی الاعلیٰ) ور جز او نیست ھیچکس عابد (علی)

۲۔ میٔ شود شاہ و سرور عالم (ھوالعلی الاعلیٰ) ھر کہ در در گہش بود ساجد شمالی دالان پر یہ الفاظ چھ طرح سے لکھے گئے ہیں۔

ھوالعلی الاکبر۔ اور حسب ذیل عبارت کندہ ہے۔

ا جانشین علی اکبر شاہ (ھوالعلی الاعلیٰ) شد جو مقبول درگہ ایزد (محمد علی فاطمہ حسن حسین)

۲۔ در امان ابوالحسن سلطان (ھوالعلی الاعلیٰ) گشت حکمت بہ شش جہت نافذ مشرقی دروازہ پر بھی (ھوالعلی الاکبر) چھ طرح سے لکھا ہوا ہے۔

۱۔ ساخت تا گنبدی منبر فلک و سال تاریخ ایں خجستہ بنام شد بخوبی قرینہ مسجد

۲۔ در خیابان صفحہ ازرہ فکر (ھاتفے گفت روضہ سید) تا ختم تا کمیب خاصہ مجد ۱۰۸۵ھ جنوبی دالان کی کچھ عبارت پڑھی نہیں جاتی اسکا مطلب ہے کہ طواف مزار حج اکبر کے مساوی ہے۔

اور دوسری عبارت جو کالے پتھر پر ہے وہ خط ثلث میں اسطرح ہے۔

۱۔ شیعہ درود

۲ بسم اللہ الرحمن الرحیم

۳ انا انزلنا الحسن و الحسین و صلی علی زین العباد و الباقر محمد و الصادق جعفر ۔ مشرقی دالان کے سرے پر امام موسیٰ کاظم سے امام حسن عسکری علیہ السلام تک نام لکھے ہیں ۔ اس کے بعد آیت الکرسی کماشاء تک لکھی ہے ۔ اس کے بعد وصل علی الحجتہ القائم الخلف الصالح لکھا ہے ۔

مشرقی دالان کے سرے پر والمنتظر، والمظفر المہدی الہادی صاحب العصر و الزمان اور آیتہ الکرسی وسیع کرسیہ تک لکھی ہے ۔ آخر میں صلوۃ ہے جنوبی دالان کے سرے پر نادعلی لکھی ہے اور بانیہ سلطان حسین ابن انبیاء قلی خان اور آیتہ الکرسی کی آخری آیت وکل ھم و غم سینجلی بولائیک یا علی لکھا ہے ۔

مسجد میاں مشک

یہ مستعد پور میں واقع ہے ۔ یہاں پر ابوالحسن تاناشاہ کا ایک فرمان کندہ ہے جس سے اس دور کی انتظامی زبان کا پتہ چلتا ہے ۔ اور یہ خط طغرہ میں کندہ ہے ۔ اس کا کاتب حسن بن تقی ہے اور سنہ تعمیر ۱۰۸۵ھ ان کے مزار پر محرابی شکل کا کتبہ ہے جس پر خط کوفی میں الحکم الا اللہ لکھا ہے ۔ بتاریخ بست ربیع الاول یوم الاحد جنت نشان میاں مشک پیوست بہ رحمت حق اس کے مغربی دروازے پر ایک دائروی شکل کا طغرا ہے جس پر تاناشاہ کی مہر کندہ ہے ۔

خاتمہ بالخیر و السعادۃ اور اس کے اطراف ائمہ کے نام ایک دائرہ کی شکل میں کندہ ہیں ۔ یہ طغرا شکستہ خط میں لکھا ہوا ہے اور ابوالحسن تاناشاہ کا فرمان خط تعلیق میں لکھا ہوا ہے جس کی تاریخ ۱۰۸۹ھ ہے اس فرمان میں اتنا پور کے محصول سے متعلق حکم ہے ۔ اور بازار کی آمدنی سب مسجد کے خرچ کے

لیے مختص ہے اور باغات کی آمدنی کی جاگیر کے طور پر عطا کیا ہے ۔ اور تاکید کی گئی ہے اور اس آمدنی سے عاشور خانہ ، الاوہ اور آبدار خانہ کا خرچ اٹھایا جائے جس میں تمام اخراجات کی تفصیل بھی دی گئی ہے ۔ اس فرمان سے ایک دلچسپ بات یہ معلوم ہوتی ہے کہ ایک برہمن منشی مسجد کے حساب کتاب کے لیے ملازم تھا جس کو ۸ ہون تنخواہ دی جاتی تھی ۔ میاں مشک کی مسجد کے دروازے پر بھی ایک کتبہ کندہ ہے جو ایک طرح کا فرمان ہے اور یہ لنگر خانے سے متعلق ہے ۔

مقبرہ سلطان قلی قطب شاہ اول

یہاں پر تین حصوں میں ایک عبارت لکھی ہوئی ہے جو بہترین نسخ و خط توقیع کا نمونہ ہے اس کتبہ پر پنجتن پاک کے اسمائے گرامی اس کے بعد دوازدہ امام علیہم السلام کے اسمہائے مبارک اور آخر میں آیت الکرسی کندہ ہے اس کی تاریخ تعمیر ۹۵۰ھ م ۱۵۴۳ء لکھی ہوئی ہے ۔

قبر کے پیروں کے پاس لکھا ہے کہ صاحب قبر مجاہد فی سبیل اللہ ال ملک سلطان قلی المخاطب قطب الملک المشہور بوے ملک انار اللہ برہانہ الی جوار رحمۃ اللہ فی یوم الاثنین ثانی شہر جمادی الثانی سنہ ۹۵۰ھ

مقبرہ جمشید قلی

جمشید قلی کو ان کے والد کی مزار کے بازو دفن کیا گیا ۔ اس کی تاریخ وفات کندہ ہے ۔

شد جمشید جم دولت شہ دھر

زدنیا بہ رخت خود بجنبت

وصال پاک او میر بہشت است

ذکر قطب الحسن میر ولایت

مقبرہ سبحان قلی قطب شاہ سوم

اس کے مقبرہ پر تاریخ وفات ۹۵۱ھ م ۱۵۵۰ء کندہ ہے

مقبرہ سلطان ابراہیم قطب شاہ چہارم

اس مقبرہ کے سنگ اسود پر عبارت خط ثلث میں کندہ ہے۔

قد انتقل ساکن ھذا ۔۔۔۔۔۔

رحمتہ اللہ یوم الخمیس الحادی والعشرین من شہر ربیع الثانی سنہ ثمان وثمانین و تسع مائتہ من الجح البنوید اس کے ساتھ ہی کلمہ شہادت ۔ اقرار نبوت و امامت وناد علی کندہ ہے ۔ تاریخ وفات ۲۱ ربیع الثانی ۹۸۸ھ م ۱۵۵۰ء ہے ۔

مقبرہ سلطان محمد قلی

یہاں پر تیسرے پارہ کی سولھویں آیت کندہ ہے اور شیعہ درود خط توقیع میں لکھا ہے ۔ تاریخ وفات بھی درج ہے ۔ جس کے ساتھ لکھا ہے اس کا سن شریف ۴۹ تھا اور اس کی مدت سلطنت ۳۱ سال و تاریخ وفات اس طرح ہے

محمد رفت چون از دار فانی

وصال آن شہ دین سال فیاض

زقطب فضل و فضل عام جستم

دگر بارہ زعالی جاہ فیاض

مقبرہ سلطان محمد ششم

اس مقبرہ پر سنگ اسود کے اوپر عبارتیں خط ثلث اور ائمہ ہدا کی تعریف کے بعد آیۃ الکرسی سورہ سیقول کی چند آیات اور درود شریف کندہ ہے

وفات عالی جنت مکانی سلطان محمد قطب شاہ ابن مرزا محمد امین ابن ابراہیم قطب شاہ اس پر لکھا ہے کہ ان کی عمر چالیس سال دو ماہ تھی اور مدت سلطنت چودہ سال چھ ماہ تھی۔

مسجد حیات بخشی بیگم

اس پر حسب ذیل عبارتیں اور آیتیں خط ثلث میں لکھی ہوئی ہیں۔

۱۔ کلمہ توحید و تیسرے سورہ کی سولھویں آیت۔

۲۔ نادعلی صغیر و درود شریف

۳۔ آیت الکرسی

اور آخر میں حسب ذیل عبارت ہے۔ وفات جنت مکانی حیات بخشی بیگم بتاریخ بست وہشت شعبان ۱۰۷۷ھ حیات بخشی بیگم کو ماں صاحب بھی کہا جاتا تھا انھوں نے تین قطب شاہی بادشاہوں کا زمانہ دیکھا اور انھوں نے اپنا بہت ہی اچھا کردار ادا کیا تھا۔ محمد قلی، سلطان، محمد قطب شاہ اور سلطان عبداللہ قطب شاہ۔ وہ محمد قلی کی بیٹی۔ سلطان محمد قطب شاہ کی بیوی اور ابراہیم قطب شاہ کی ماں تھیں۔انھوں نے حسینی علم بی بی کا علم، بی بی کا چشمہ لنگر حوض، حیات نگر اور مانصاب ٹینک بنوایا۔ غرض کہ قطب شاہی آثار ہماری تہذیب و تمدن کا جیتا جاگتا نمونہ ہیں۔ ان عمارتوں میں ہمیں ہند ایرانی

فن تعمیر کے نمونے ملتے ہیں اور یہ کتبات زیادہ تر ذولسانی ہیں ۔ عربی مذہبی زبان تھی اور فارسی انتظامی زبان دکنی اور تلگوزبان کے نمونے پیش کرنے کا یہاں موقعہ نہیں ہے ۔ اس عہد کی توپوں پر بھی عبارتیں درج ہیں اور تلواروں اور دوسرے ہتیاروں پر بھی بعض عبارتیں درج ہیں جو قلعہ گولکنڈہ کے ایک حصہ میں محفوظ رکھی گئی ہیں ۔ یہ سب طوالت کے لحاظ سے ترک کرنا پڑا ۔

دکنی مسکوکات

(بہمنی، عادل شاہی، نظام شاہی، برید شاہی اور قطب شاہی)

سکوں کے علم کو علم مسکوکات کہا جاتا ہے ۔ اس کا جاننا اس لیے ضروری ہے کہ اس سے ہمیں کسی ملک کے خاص دور کے سلاطین کے بارے میں معلومات فراہم ہوتی ہیں ۔ سکے ہمیں تاریخ میں زمانہ قدیم ہی سے ملتے ہیں ان کے مطالعے سے ہمیں اس دور کی سرکاری زبان، معاشی حالات، تاریخی پس منظر، رسم الخط، فنون لطیفہ اور مذہب سے متعلق معلومات فراہم ہوتی ہیں ۔ انسان ہر دور میں اپنی ضروریات کا غلام رہا ہے ۔ لہٰذا ان ضروریات کو پورا کرنے کے لیے اسے مختلف چیزوں کو حاصل کرنا پڑتا ہے ۔ تاریخ کے مطالعے سے ہمیں اس بات کا علم ہوتا ہے کہ مختلف ادوار میں انسان اپنی اشیاء مایحتاج کو مختلف ذرائع سے حاصل کرتا تھا۔ جیسے جیسے اس میں سماجی شعور بیدار ہونے لگا ۔ جماعت بندی اور قبیلہ واری نظام کا رواج کم ہونے لگا ۔ اشیا کا لین دین بھی شروع ہوا ۔ سب سے پہلے جنس کے بدلے جنس کا لین دین ہوتا تھا جس کو معاشیات کی زبان میں Carded Economy کہا جاتا ہے ۔ اس کے بعد کچھ لین دین اشیا کی شکل میں اور کچھ سکوں کی شکل میں ہونے لگا اور سکوں کی شکل میں جب لین دین شروع ہوا تو اس سے بڑی آسانی ہو گئی اور تجارت کا نیا تصور پیدا ہوا ۔

بعض وقت تاریخ میں کسی بادشاہ کے متعلق بہت ہی مبہم الفاظ میں تذکرہ ملتا ہے جس سے ہمیں اس زمانے کے حالات کا پتہ نہیں چلتا لیکن جب ہم اس دور کے سکوں کو دیکھتے ہیں تو ان سکوں کی مدد سے کھوئی ہوئی کڑی Missing Link پاسکتے ہیں اور ہمیں اس دور کے معاشی، معاشرتی، سیاسی اور انتظامی حالات کا پتہ چل سکتا ہے۔

قدیم رومی، ایرانی اور ہندوستانی سکوں پر اس دور کے بادشاہوں کی تصویر اور اس کے ساتھ ہی دوسری تفصیلات جیسے بادشاہ کے مذہب سے متعلق معلومات اور اس کی معیشت سے متعلق اشارے ملتے ہیں جو بادشاہ کے لباس، ایورات، اسلحہ، مذہبی معبد وغیرہ کے خاکوں سے ظاہر ہوتے ہیں۔

ابتدا میں ایک کڑی یا حلقہ یا قرص یا ایک چوکور تختی کی وضع کے سکے استعمال ہوتے تھے۔ اور سب سے پہلے یہ(Kind VS Cash) جنس کے بدلے سکے کا رواج لیبیا میں ہوا اور ساتویں صدی قبل مسیح میں پہلا سکہ بنا اور اس کے بعد آہستہ آہستہ ایشیائے کوچک، قبرص اور ساحلی عرب میں اس کا رواج ہوا۔ اور بعض مورخین کا خیال ہے کہ فینقیوں نے بابلیوں سے پہلے سکے ڈھالنا شروع کردیئے تھے اور یونان و بابل میں سکندر کے حملے کے بعد اس کا رواج ہوا۔

سکوں کی ابتدائی تاریخ اور ان کے الادے سے متعلق اس مختصر تمہید کے بعد ہم دکن کی پانچ ریاستوں میں جس قسم کے سکے رائج تھے ان کی تفصیل پیش کریں گے۔ دکن مین پانچ خود مختار حکومتیں قائم تھیں قدیم حکومت جو خود مختار ہوی وہ بہمنی حکومت۔ اس کے زوال کے بعد عادل شاہی نظام شاہی برید

شاہی اور قطب شاہی، حکومتیں قائم ہوئیں۔ جنہوں نے حکومت کے انتظام کے لیے اپنی اپنی ریاست میں اپنے نام کے سکے چلائے اور ان سکوں کے متعلق معلومات حاصل کرنا ہمارے لیے دلچسپی سے خالی نہیں۔

بہمنی دور کے سکے

نصیرالدین اسماعیل شاہ جب معمر ہو چکا تو اس نے اپنی حکومت حسن گنگو ظفر خاں کے سپرد کردی اور تیمناً و تبرکاً خلفائے عباسیہ کے طرز پر سیاہ چتر ۲۴ ربیع الثانی ۷۴۸ھ کو اس کے سر پر رکھا اور اس کے نام کا دکن میں خطبہ پڑھا گیا اور سلطان علاء الدین حسن گنگو بہمنی اس کا خطاب ہوا اور گلبرگہ کو مبارک سمجھ کر اس کا نام حسن آباد رکھا۔ اس طرح بہمنی سلطنت کی بنیاد پڑی اس کے بعد سترہ بہمنی حکمرانوں نے دکن پر حکومت کی جن کا دور ۷۴۸ تا ۹۳۴ھ (مطابق ۱۳۴۷ تا ۱۵۲۶ء) ہے۔ یعنی کل ایک سو نواسی سال تک انھوں نے حکومت کی۔ ان کا آخری حکمراں کلیم اللہ شاہ تھا۔

بہمنیوں کے زمانے کے سکے جو ہمیں دستیاب ہوتے ہیں۔ وہ سونے چاندی اور تانبے کے ہیں۔ ان سکوں سے ہم ان حکمرانوں کے القاب، ان کے لباس اور ان کے عہد حکومت کے بارے میں جان سکتے ہیں۔ ان سکوں پر دارالضرب کا نام بھی کندہ ہے، جہاں پر یہ سکے ڈھالے گئے تھے۔ یہ بات ہمیں کسی تاریخ اور تذکرے میں نہیں مل سکتی۔ یہ سکے تمام عربی زبان اور عربی رسم الخط میں ہیں۔ سکے کا پہلا رخ کچھ اس طرح پڑھا جائے گا۔

السلطان الاعظم علاءالدنیا والدین ابوالمظفر بہمن شاہ السلطان "

محمد شاہ جو علاء الدین بہمنی کا بیٹا تھا ۱۳۵۸ء میں تخت نشین ہوا جس کے سکوں پر حسب ذیل عبارت کندہ ہے۔

پہلا رخ

"سکہ سلطان الھند والا زمان، حامی ملت رسول الرحمن"

اور دوسرا رخ اس طرح ہے۔

"ابو المظفر محمد شاہ بن بہمن شاہ السلطان"

اس کے علاوہ اس سکہ پر دارالضرب کا نام اس طرح کندہ ہے "بہ دارالضرب حضرت احسن آباد ضرب شدہ" اور اس کے ساتھ تاریخ بھی کندہ ہے ۷۶۶ھ / ۱۳۸۰ء

اس سلطنت کے آخری حکمران کلیم اللہ شاہ کے سکوں پر حسب ذیل عبارت درج ہے۔

"المويد بنور الله والغنی السلطان کلیم الله بہمنی"

اس دور کے بعض سکے ادارہ ادبیات اردو کے میوزیم اور اسٹیٹ آرکائیوز حیدرآباد کے میوزیم میں بھی دیکھے جا سکتے ہیں۔

عادل شاہی دور حکومت کے مسکوکات

بہمنی دور کے بعد دکن میں پانچ ریاستیں قائم ہوئیں جن میں سے ایک ریاست عادل شاہی ۔یوسف عادل شاہ ۸۹۶ھ م ۱۴۹۰ء بہ مقام بیجاپور سریر آرا

Bahmani Coins in the Andhra Pradesh Gov.t Museum Hyderabad By Sri Mohd. Abdul Wali Khan Published by Gov.t of India Andhra Pradesh Hyderabad 1964

ہوا اور اپنے نام کا خطبہ پڑھوایا۔ چتر لگایا۔ چونکہ وہ ساوہ کا رہنے والا تھا اس لیے عوام الناس نے بجائے ساوی کے سوائی کا لقب دیا خود مختار ہونے کے بعد اس نے عادل شاہ کا لقب اختیار کیا عادل شاہی خاندان بیجاپور میں ۱۴۳۹ء سے ۱۶۸۷ء تک تقریباً دو سو سال حکومت کرتا رہا یوسف عادل شاہ سے سکندر عادل شاہ تک نو فرماں رواوں نے حکومت کی اور اس حکومت کا خاتمہ اورنگ زیب کے ہاتھوں ہوا۔

اس عہد کے جن حکمرانوں کے سکے ہمیں ملتے ہیں وہ علی عادل شاہ اول، ابراہیم عادل شاہ دوم، علی عادل شاہ ثانی، محمد عادل شاہ ثانی اور سکندر عادل شاہ کے زمانے کے سکے ہیں۔ محمد عادل شاہ کے زمانے کے کچھ سونے کے سکے بھی دستیاب ہوئے ہیں۔ یہ سکے دو زبانوں عربی و فارسی میں ملتے ہیں۔

علی عادل شاہ کے عہد کے سکے کچھ اس طرح ہیں۔

پہلا رخ	دوسرا رخ
اسد اللہ الغالب	علی ابن ابی طالب
ابراہیم عادل شاہ	
غلام مرتضیٰ علی	ابراہیم آبلابلی
طلائی ہن نورس (سکہ کا نام)	
نورس مہر عادل شاہی	جگت گرو داد الٰہی
محمد عادل شاہ	
جہاں ازیں دو محمد	یکے محمد مرسل دوم محمد شاہ
گرفت زینت و جاہ	(سنہ پڑھا نہیں جاسکا)

علی عادل شاہ اول	علی عادل شاہ
غلام حیدر صفدر	علی عادل شاہ
	(سنہ پڑھا جاسکا)
سلطان علی عادل شاہ	ضرب لارن دابل سنہ

سکندر عادل شاہ

اس دور کے ہمیں تانبے کے سکے ملتے ہیں۔

سلطان سکندر قادری　　　جرو گیتی ستاں

یوسف عادل شاہ، اسمعیل عادل شاہ اور ملو عادل شاہ کے زمانے کے سکے نہیں ملتے

نظام شاہی مسکوکات

احمد نظام الملک نے ۸۹۵ ھ کے آخر میں اپنے نام کا خطبہ پڑھوایا اور سلاطین بہمنیہ کے نیم خطبے سے نکال ڈالے اور مثل شاہان دہلی و گجرات وغیرہ کے چتر سفید بنوایا۔ احمد کا باپ ملک حسن الملک تھا اصل میں یہ ملک حسن ذات کا برہمن تھا اس کا کوئی دادا یا پردادا پاتری علاقہ بڑاڑ کا ملکرنی تھا۔ مگر ایک قحط کے زمانے میں اپنے وطن کو چھوڑ کر بیجانگر آیا۔ جب سلطان احمد شاہ بہمنی بیجانگر پر حملہ کیا تو ملک حسن قیدیوں میں گرفتار ہو کر آیا۔ اس کا نام تمیا بھٹ اور باپ کا نام بھیرو تھا۔ سلطان احمد نے اس کی نو عمری دیکھ کر اپنے غلاموں میں شامل کیا اور حسن نام رکھا۔ اپنے بیٹے محمد شاہ کے

ساتھ اس کی تعلیم و تربیت اچھی کی ۔ محمد شاہ اس کو حسن ابن بھیرو کی جگہ حسن بحری کہتا تھا اور جب محمد شاہ جوان ہوا تو نام کی مناسبت سے اپنے جانوروں کی افسری دی ۔ اب یہاں سے وہ رفتہ رفتہ ترقی کرنے لگا ۔ منصب ہزاری و نقارہ اور ماہی مراتب بھی ملا آخر نظام الملک بحری کے خطاب سے ممتاز ہوکر خواجہ محمود گاواں کی عنایت سے تلنگ کا طرفدار ہوا ۔ خواجہ جہاں کے مرنے پر اس کا قائم مقام بنا اور ملک نائب کا خطاب سر لشکر کا منصب پایا پھر سلطان محمود بہمنی کا وکیل سلطنت ہوا ۔ محمود نے اس کی سابقہ جاگیر پر بھیرو پرگنوں کا اضافہ کیا جس کو ملک نائب نے اپنے بیٹے ملک احمد کے حوالے کیا اور خواجہ جہاں دکنی کے ہمراہ راجمیر گیا ۔ یہ بہت قابل اور ہوشیار آدمی تھا اس نے جلد غلامی کی زنجیریں توڑدیں اور عربی فارسی زبان و ادب کی تحصیل کی اور اعلی عہدہ پر پہنچ گیا ۔ بعد میں اسے اشرف ہمایونی مسند عالی علوغ اعظم کا خطاب عطا ہوا اور تلنگانہ کے سر لشکر کے عہدے پر تقرر کیا گیا ۔ اس کے بعد یہ راج مندری کا گورنر بنا ۔ ملک حسن بری محمود گاواں کے قتل کی سازش میں کامیاب ہوا اور بہمنی حکومت کی طاقت کو اپنے ہاتھ میں لے لیا لیکن یہ بہت ہی کمزور منتظم تھا ۔ (دربار آصف از غلام صمدانی گوہر) اس کی طاقت بہت جلد ٹوٹ گئی اور محمود گاواں کو سات سال بعد قتل کیا گیا ۔ اس کے بعد اس کا بیٹا ملک احمد اس کے عہدے پر فائز ہوا لیکن قاسم برید کے ساتھ کام کرنے سے انکار کر کے احمد نگر میں ۱۴۸۳ء میں حکومت کی بنا ڈالی ۔

اس کے جانشینوں میں برہان نظام شاہ اول (۱۵۰۹ء سے ۱۵۵۳ء) اپنے آپ کو شاہ کہلانے لگے اور اس کے بعد سب جانشینوں نے بھی لقب اختیار کیا۔ بعد ازاں برہان نظام شاہ کے زمانے میں ۱۵۹۱ء میں احمد نگر میں بہت افراتفری پھیل گئی اور شہزادہ دانیال نے احمد نگر کو فتح کرلیا اور یہ مغل سلطنت کا ایک صوبہ بن گیا۔ اس ریاست کے چودہ حکمران ہوئے جن میں سے ہمیں صرف برہان نظام شاہ اول اور مرتضیٰ نظام شاہ اول، برہان نظام شاہ دوم، مرتضیٰ نظام شاہ دوم اور برہان نظام شاہ سوم اور جہانگیر کی شہزادگی کے دور کے سکے ملتے ہیں۔ ان سکوں کی خاص بات یہ ہے کہ دارالضرب کا نام کندہ ہے =

مرتضیٰ نظام شاہ اول

اگلا رخ	دوسرا رخ
مرتضیٰ نظام شاہ اول	ضرب احمد نگر ۹۹۷ تا ۹۷۳ھ
ضرب مرتضیٰ نگر	فی شہور سنہ ۹۹۳ھ
(احمد)	

برہان نظام شاہ =

برہان نظام شاہ	ضرب برہان آباد
	۱۰۰۳-۱۰۰۰ھ

مرتضیٰ نظام شاہ دوم

مرتضیٰ نظام شاہ دوم ضرب احمد نگر ۱۰۱۹ تا ۱۰۰۹ھ

مرتضیٰ احمد نگر فی شہور سنہ

ضرب مرتضیٰ (احمد نگر) فی شہور سنہ

برہان نظام شاہ غازی

برہان نظام شاہ غازی ضرب دولت آباد فی مشہور سنہ

Copper coins of Barid Shahi of Bidar and Nizam Shahi of Ahmed Nagar by Ramesh Warl Lal gupta and Mohd Abdul Wali Khan 1982 published by Govt of A.P.

شہزادہ نورالدین جہانگیر

جہانگر بادشاہ ضرب احمد نگر

برید شاہی مسکوکات

۸۹۶ ھ میں جب نظام الملک یوسف عادل شاہ و فتح اللہ عماد الملک نے اپنے اپنے نام کا خطبہ پڑھوایا اور چتر لگایا تو قاسم برید نے جو اس وقت سر نوبت اور کوتوال شہر تھا دیکھا کہ محمود شاہ ناکارہ محض ہیں تو منصب وکالت اور طرفداری حوالی تخت گاہ پر قبضہ کر لیا اور قصبہ جات اوسہ اودگیر اور کلیان اپنی جاگیر میں لے لیے۔ دلاور خاں کے مارے جانے کے بعد قاسم

برید پھر بیدر لوٹ آیا اور محمود شاہ نے اس کو منصب وکالت عطا کیا۔ پھر وہ دارالخلافہ آیا۔ اب اس کی حکومت مستحکم ہوگئی اور محمود شاہ کی بادشاہی برائے نام رہ گئی اور اسی وقت سے قاسم ی برید کی بادشاہی در حقیقت شروع ہوئی۔ قاسم برید کو خواجہ شہاب الدین علی یزدی ولایت سے لایا تھا۔ وہ ایک جار جین ترکی تھا اور سلطان محمد شاہ بہمنی کے ہاتھ اسے گرجی غلاموں میں فروخت کردیا گیا تھا۔ اس کو ساز بجانا اچھا آتا تھا۔ اس لیے بادشاہ اس کو اپنے امراء میں داخل کیا اور وہ ترقی کرتے کرتے بادشاہ بن بیٹھا تھا۔ (دربار آصف از غلام صمدانی گوہر حیدرآباد صفحہ ۲۲۶) سب اس کی غیر معمولی قابلیت کا نتیجہ ہے۔ ۱۵۰۴ء میں اس کا بیٹا علی برید تخت نشین ہوا، ۱۵۴۲ء میں امیر برید کی وفات کے بعد اس کا ولی عہد علی برید شاہ کے لقب سے تخت نشین ہوا اور اس کے چھ جانشین ہوئے یہ ریاست ۱۸۷۹ء سے ۱۶۱۸ء تک رہی دکن کی پانچوں ریاستوں میں یہ ریاست بہت چھوٹی تھی اور صرف ایک صدی تک قائم رہی اور عادل شاہی حکومت میں ضم ہوگئی۔ اس دور کے ہمیں صرف تانبے کے سکے ملتے ہیں۔ ان کا دارالضرب بیدر تھا۔ لیکن کسی بھی سکہ پر دارالضرب کا نام کندہ نہیں ہے۔ قاسم برید نے کوئی سکہ جاری نہیں کیا اس کے جانشین اور امیر برید نے ممکن ہے سکہ جاری کیا ہوگا۔ اس کے لیے فرشتہ نے اپنی تاریخ میں صاحب سکہ کے لفظ استعمال کیا ہے لیکن اس کے دور کے کوئی سکہ نہیں ملتے۔ تیسرے فرمانروا علی برید نے سکوں پر

اپنے نام کے ساتھ شاہ کندہ کروایا ہے - اس کے چوتھے فرمانروا نے اپنی حکومت کے نام سے سکے جاری کئے ہیں - اس کے ابتدائی سکوں پر آخری بہمنی بادشاہ کلیم اللہ کا نام درج ہے -

ابراہیم برید شاہ

۹۹۵ھ تا ۹۸۷ھ

پہلا رخ

المؤید سفراللہ الغنی / ۹۹۳ بامرالسلطان برید شاہ ثانی

دوسری قسم اس طرح ہے

المؤید بنصراللہ بامر برید شاہ السلطان

قاسم برید شاہ دوم

المؤید بنصراللہ لسلطانی بامرالسلطان برید شاہ

امیر برید شاہ ثالث

المويد بنصرالله الملک القوی الغنی السلطان العادل برید شاہ بارک

(دربار آصف از غلام صمدانی گوہر حیدرآباد)

قطب شاہی مسکوکات جب سلطنت بہمنیہ کی قوت زائل ہونے لگی تو احمد نظام الملک و یوسف عادل شاہ نے ۸۹۵ھ میں اپنے اپنے نام کا خطبہ پڑھوایا اور تخت سلطنت پر قدم رکھا مگر سلطان قلی نے جلدی نہ کی اس کے پاس اس وقت بہت ہی کم ملک کا حصہ تھا - الغرض جب سلطان قلی نے

قلعہ پانگل و کویلکنڈہ وغیرہ پر قبضہ کرلیا۔ اور محمود شاہ بہمنی کی سلطنت میں کچھ دم باقی نہیں رہا تو ۹۱۸ ھ میں اپنے نام کا خطبہ پڑھوایا اور باوجود اس قدر مختصر سلطنت کے اپنی بادشاہت قائم کی اور قطب الملک کے بجائے قطب شاہ اپنا لقب اختیار کیا۔ ایرانی بادشاہوں کے طور وطریق برتنے لگے۔ دن میں پانچ مرتبہ شاہان ایران کی طرح نوبت بجواتا تھا حالاں کہ احمد نگر و کاویل میں یہ طریقہ رائج نہ تھا۔

ہندو ایران کی تاریخیں میں اس بات کی گواہ ہیں کہ ان دونوں مملکتوں کے درمیان ہنر، ادبیات، فلسفہ اور فکر وخیال کا باہم تعلق پایا جاتا ہے اور ہزاروں سال ان دونوں ملکوں میں ایک قدیم تمدن، تہذیب اور روایت پائی جاتی۔ یہ تہذیبیں جو ایک دوسرے پر اثر انداز ہوئیں۔ اور زبان فارسی بھی ایک ایسی زبان ہے جو روایتوں کے ساتھ ساتھ ہندوستان پہنچی اور یہاں کی سرکاری زبان بن گئی جس کا اثر مخطوطات و دستاویزات و اسنادات، کتبے وغیرہ پر دکھائی دیتا ہے۔ ان میں سکے بھی اہمیت رکھتے ہیں۔ ابھی تک ہمیں اس دور کے جو سکے ملے ہیں وہ زیادہ تر تانبے ہی کے ہیں۔ سکے جو ہمیں ملتے ہیں وہ سلطان قلی قطب شاہ سے لے کر اس عہد کے آخری حکمران ابوالحسن تاناشاہ تک ہیں۔ صرف ابراہیم قطب شاہ کے سکے ہمیں دستیاب نہیں ہوتے۔ سلطان قطب شاہ، جمشید قطب شاہ اور سبحان قطب شاہ کے سکوں پر ان کے القاب نام کے ساتھ کندہ دکھاتی دیتے ہیں۔ سلطان

عبداللہ قطب شاہ کے عہد کے سکے تاریخ کے ایک اہم باب کا آغاز کرتے ہیں جس میں سلطان عبداللہ قطب شاہ بادشاہ غازی لکھا ہوا ہے جب کہ بعد کے سکوں پر ختم بالخیر و السعادۃ کندہ ہے جو بادشاہ کے نام کے بجائے ہے جس سے صاف ظاہر ہوتا ہے کہ یہ سکے القیاد نامہ کے بعد کے ہیں ۔ کئی قسم کے سکے ۱۹۳۶ء کے بعد ڈھائے گئے ۔ ان سکوں کے دوسرے رخ پر دارالضرب کا نام کندہ ہوتا ہے اور یہ بات دلچسپی سے خالی نہیں ہے ۔ قطب شاہی سلطنت کا صدر مقام گولکنڈہ تھا جس کو محمد نگر کہا جاتا تھا ۔ جمشید قطب شاہ اور سبحان قطب شاہ کے سکوں پر ضرب محمد نگر گولکنڈہ کندہ ہے اور محمد قلی قطب شاہ کے سکوں پر " ضرب دارالسلطنت گولکنڈہ " کندہ ہے ۔ ۹۹۱ھ م ۱۶۰۳ء کا سکہ ملتا ہے جس پر ضرب دارالسلطنت حیدرآباد کندہ ہے ۔ جس سے پتہ چلتا ہے کہ ۱۵۵۵ھ میں گولکنڈہ کا نام بدل کر حیدرا باد رکھا گیا ۔ تاریخ ضرب عام طور پر سکے کے دور سرے رخ پر کندہ ہوتی ہے لیکن محمد قلی قطب شاہ کے جو سکے ۱۵۶۱ھ میں کندہ ہوئے ان کے دونوں رخ پر تاریخ ضرب کندہ ہے ۔ عام طور پر ان سکوں کی عبارت سادہ ہوتی تھی ۔ لیکن محمد قلی قطب شاہ کے بعض سکوں پر جو ۹۹۱ھ م ۱۵۸۳ء میں کندہ ہوئے ہیں ان کے اگلے رخ پر ایک شعر کندہ ہے اور پچھلے رخ پر بادشاہ کے نام کے ساتھ تاریخ ضرب بھی کندہ ہے ۔ جو سکے گولکنڈہ میں رائج تھے ، ان کے مختلف نام تھے جیسے " ہن " Hun وغیرہ لیکن ان پر ان کی قیمت کندہ نہیں ہوئی تھی ۔ محمد قلی قطب شاہ کے زمانے

میں تکنیے کے سکوں پر نام و جلوس کندہ کیا گیا تھا۔ قطب شاہوں کے دور کے سکوں پر نقش ہیں۔ وہ ہمیں خط نسخ میں ملتے ہیں نقش بے ترتیب بنائے گئے ہیں۔ لیکن بعض الفاظ کے کندہ کرنے میں خاص احتیاط برتی گئی ہے۔ جیسے اللہ، محمد، سبحان وغیرہ سکے کے اوپری جانب لکھا گیا ہے۔ سلطان محمد قلی قطب شاہ کے ایک سکے پر جو نقش ہیں وہ طغریٰ کے شکل میں ہیں۔ اس کا نام ایک طغرے کی شکل میں کندہ ہے اور یہ طغرا نسخ اور خط توام کا آمیزہ ہے

قطب شاہی سکوں پر جو عبارتیں کندہ ہیں ان کی تفصیل حسب ذیل ہے۔

Hurmuz Coin of the Qutub Shahii Dynasty of Golconda (Wide Shnk Gernal and South India numismatic circular April 1986

سلطان قلی قطب شاہ

اگلارخ	پچھلارخ
سلطان قلی	علم
سلطان جمشید قطب شاہ	ضرب محمد نگر گولکنڈہ سنہ

سلطان سبحان قلی قطب شاہ

سلطان سبحان قلی قطب شاہ	ضرب محمد نگر گولکنڈہ

ابوالمظفر محمد قلی قطب شاہ

عدل محمد قلی قطب شاہ — پیوستہ بہ لعنت الہی

ضرب دارالسلطنۃ گولکنڈہ ۹۹۱ھ — تغیرہ جلوس شاہی

ابوالمظفر محمد قلی — ضرب دارالسلطنۃ حیدرآباد ۱۰۱۲ھ

ابوالمظفر سلطان محمد قطب شاہ

ابوالمظفر سلطان محمد قطب شاہ — ضرب دارالسلطنۃ

شہر حیدرآباد ۱۰۲۴ھ

سلطان عبداللہ قطب شاہ

سلطان عبداللہ قطب شاہ — ضرب حیدرآباد

سلطان عبداللہ بادشاہ — ضرب محمد نگر

سلطان عبداللہ بادشاہ غازی — ضرب دارالسلطنۃ

خاتمہ بالخیر والسعادۃ — ضرب دارالسلطنۃ حیدرآباد ۱۰۹۵ھ

ابوالحسن تاناشاہ

ختم بالخیر والسعادۃ ۱۰۹۵ — ضرب دارالسلطنۃ حیدرآباد

ان سکوں کے متعلق محمد عبدالولی صاحب نے کٹیلاگ میں تفصیل دی ہے جو آندھراپردیش کی حکومت کی جانب سے آندھراپردیش محکمہ آثار قدیمہ سے چھپا ہے اس کے علاوہ ان سکوں کے متعلق معلومات میں ڈاکٹر نجمہ صدیقہ کے پی ایچ ڈی کے مقالے The Persiaon Language and

) Literature during Qutub Shahi Reign 1518 to 1687
1973) - حاصل ہوسکتے ہیں اور اس کے علاوہ وہ ڈاکٹر ضیاء الدین شکیب
کے پی ایچ ڈی کے مقالے The External Affairs of
Golconda Bazar ان کے مضمون " Golconda Withe Iran
سے حاصل ہوسکتے ہیں اور ان پانچوں ریاستوں کے ساتھ محکمہ آثار قدیمہ
کے میوزیم اسٹیٹ آرکیوز کے میوزیم اور ایوان اردو ادارہ ادبیات اردو
حیدرآباد کے مخزو نہ ہیں اور ذاتی مخزونوں میں ہر مز صاحب اور نواب مجیب
یار جنگ کے پاس بھی کچھ سکے دیکھے جاسکتے ہیں۔

.بہر حال یہ سکے ہمارے عہد گزشتہ کی تاریخ کا سرمایہ ہیں اور شاہان
سلف کی معاشی، معاشرتی، سیاسی اور مذہبی زندگی پر روشنی ڈالتے ہیں۔

مسکوکات سلطنت خداداد عہد ٹیپو سلطان

ٹیپو سلطان کے سکوں کے سنین اور تاریخیں

ٹیپو سلطان نے اپنے سکوں پر جو سنین اور تاریخیں درج کرائی ہیں ان کی بنیاد "جمل" پر رکھی گئی ہے۔ اس لیے سب سے پہلے جمل کے قاعدوں کی وضاحت کی جاتی ہے۔ جمل کے دو قاعدے ہیں۔ (۱) ابجد (۲) اثبت۔

ابجد

یہ قاعدہ عبرانی سے ماخوذ ہے۔ عبرانی زبان کے حروف ہجا بائیس ( ) 22 ہیں۔ اس طرح حروف ابجد کو نو اکائیوں نو دہائیوں اور چار سینکڑوں میں تقسیم کیا گیا ہے۔ عربی زبان میں عبرانی سے چھ حروف زائد ہیں۔ ث۔ خ۔ ذ۔ ض۔ ظ۔ اور ان سے اخیر کے پانچ سینکڑے اور ایک ہزار کے اعداد حاصل کئے جاتے ہیں۔

اثبت

اس کا قاعدہ ابجد سے مختلف ہے اور اس کی ترتیب عربی حروف ہجا کے مطابق سلسلہ وار مقرر ہے۔

ا۔ ب۔ ت۔ ث۔ الخ

دکن کے ہندوؤں میں قدیم زمانے سے ایک سن راج ہے جیسے ٹامل میں برہستی مانم (BRAUASHATI MANAM) کہتے ہیں۔ اس کی بنیاد مشتری کے پانچ دوروں پر رکھی گئی ہے جو ساٹھ شمسی سال کے برابر ہیں۔ ہر

دور کے لے ٹامل اور تلگو میں جدا جدا نام مقرر ہیں - ٹیپو سلطان نے ان ناموں کی جگہ نئے نام وضع کئے - ان سے ابجد یا اثبت کے قاعدے کے مطابق ہر سال کے دور کا عدد ظاہر ہوتا ہے -

ٹیپو سلطان اپنے والد سلطان حیدر علی کی وفات کے بعد ڈسمبر ۱۷۸۲ء کو بر سر اقتدار آیا - اس کا پہلا سال جلوس 1783ء مطابق 4884 کالی یوگا ہے - تلگو تقویم کے لحاظ سے مشتری کا پہلا دور کالی یوگا سن سے بارہ سال پہلے شروع ہوا - اس اعتبار سے 1747ء میں واقع ہوا جو 37 دوری کے مطابق ہے -اس سینتیسویں سال کا نام اگر چہ سنسکرت میں سبھا کرت تھا لیکن ٹیپو سلطان نے اس کا نام " ذکی " رکھا جس کے عدد ابجد کی رو سے 37 ہوتے ہیں اسی طرح دوسرے سال کا نام " ازل " (ابجدی) قیمت 38 اور تیسرے کا " جلوہ " (ابجدی قیمت 39) اور چوتھے کا " دلو " (ابجدی قیمت 40) رکھا جلوس کے پانچویں سال ٹیپو سلطان نے سنین دوری کا قاعدہ بدل دیا اور ابجد کے بجائے اثبت - کی رو سے نام وضع کئے جو ٹیپو سلطان کی وفات تک جاری رہے - ان کی تفصیل حسب ذیل ہے -

5	41	شاہ	.	.	.
6	42	سارا	12	48	راغ
7	43	سراب	13	49	شاد
8	44	شتا	14	50	حراست
9	45	زبرجد	15	51	سارا
10	46	سحر	16	52	شاداب
11	47	ساحر	17	53	بارش

جلوس کے پہلے چار سال تک ٹیپو سلطان کے سکوں پر سن جلوس کے ساتھ سن ہجری بھی مسکوک ہوتا تھا لیکن پانچویں سال ابجد کے بجائے ابتث کے ناموں کا استعمال شروع ہوا تو سن ہجری کے بجائے سن مولودی مسکوک ہونے لگا۔ یہ سن ٹیپو سلطان نے وضع کیا تھا۔ اس کی ابتدا رسول اکرم صلعم کے یوم ولادت سے لی گئی تھی جو سن571 ء میں واقع ہوئی۔ سن ہجری کا حساب قمری ہے۔ اس کے برخلاف ٹیپو سلطان نے جدید سن کے لیے شمسی حساب اختیار کیا۔

عہد ٹیپو سلطان میں مختلف مقامات پر سکے ڈھالے جاتے تھے جن میں سے چند دارالضربوں کے نام یہ ہیں=

بنگلور۔ پٹن۔ خورشید سواد، دھاروار۔ اسلام آباد۔ ظفر آباد۔ فرخ آباد۔ حصار۔ فرخی۔ فیض حصار، کالی کٹ۔ نذر آباد۔ نگر۔ وغیرہ

اس عہد میں مختلف نوعیت اور قیمت کے سکے ڈھالے گئے جو سونے چاندی اور تانبے کے تھے۔ ٹیپو سلطان نے ہر سکے کو ایک خاص نام سے موسوم کیا جو اکثر خود سکے پر درج رہتا تھا۔ میسور گزیٹیر یس لیوس رائیس ( ) LEWIS RICE نے سونے اور چاندی اور تانبے کے سکے جو نام دئے تھے ان کی ایک فہرست دی ہے جن میں بہت سے ایسے تھے جن کو صرف مقامی لوگ جانتے تھے یا صراف جیسے "زر سلطانی" ہن اول " اور " ہن دوم " سلطانی ہن " " نامر " " دھونی " ۔ اور چاندی کے سکوں میں " نوکال " اور " دوہرا روپیہ " اور " سلطانی روپیہ " ۔

سونے کے سکے

۱- مہر یا احمدی (PL - 1 - 14)

۲- نصف مہر یا صدیقی (PI - 1 - 15)

۳- پاؤ مہر یا فاروقی (PL - 1 - 16)

۴- 1 / 5 مہر (1 / 10) یا ثنیم - یہ سکہ دستیاب ہنیں ہوتا -

۵- راہوتی - یہ سب سے کم قیمت سکہ تھا - یہ بھی دستیاب ہنیں ہوتا -

چاندی کے سکے

۱- دوہرا روپیہ یا حیدری (PL = 1 - 18)

اس سکے کو ممکن ہے ٹیپو سلطان نے اپنے باپ حیدر علی کے نام پر رکھا ہو - قیاس اغلب یہ ہے کہ حضرت علی علیہ السلام کی نسبت سے اس سکے کا نام "حیدری" رکھا گیا - حیدر (بمعنی شیر) حضرت علی علیہ السلام کا لقب تھا -

۲- روپیہ یا امامی (PL - 1 - 19)

امام کے معنی رہنما کے ہیں اور مذہب اثنا عشری میں حضرت علی علیہ السلام اور آپ کے گیارہ جانشین امام مانے جاتے ہیں -

۳- نصف روپیہ یا عابدی (PL = 10 20)

اس سکے کو چوتھے امام حضرت زین العابدین کے نام سے منسوب کیا گیا ہے -

۴- پاؤ روپیہ باقری (PL - 10 21) یہ سکہ پانچویں امام حضرت محمد باقر علیہ السلام کے نام سے منسوب ہے -

۵- دوہن یا جعفری (PL = 10 22)

اس سکے کو چھٹے امام حضرت جعفر صادق علیہ السلام کے نام سے موسوم کیا گیا ہے۔

۶۔ایک آنہ یا کاظمی

اس سکے کو ساتویں امام حضرت موسیٰ کاظم علیہ السلام کے نام سے نسبت دی گئی ہے۔

۷۔نصف آنہ یا خضری (16 - 11 = PL)

حضرت خضر علیہ السلام کے نام پر اس سکے کا نام خضری رکھا گیا ہے۔

تانبے کے سکے

۱۔دو پیسے۔مولودی عثمانی (1 - 11 - PL) (1793ء-م-1222ھ)

اس سکے کو خلیفہ سوم حضرت عثمانؓ کے نام سے موسوم کیا گیا ہے۔

۲۔مولودی مشتری (1793ء-م-1222ھ)

ستارہ مشتری کے نام پر یہ نام رکھا گیا ہے۔

۳۔زہرہ

ستارہ زہرہ کے نام پر یہ نام دیا گیا۔

۴۔نصف پیسہ یا بہرام (5 - 11 - PL)

یہ سکہ بہرام گور کے نام سے منسوب ہے۔

۵۔پاؤ پیسہ یا اختر (7 - 11 = PL)

۶۔پیسہ یا قطب (7 - 11 = PL)

اس کا نام قطب تارے کے نام پر رکھا گیا ہے۔

سکوں پر کندہ عبارتیں

۱۔ ٹکوڑا یا فاروقی (PL - 11 - 14) دارالضرب نگر دھات = سونا

اگلا رخ = ج نگر

پچھلا رخ = هون السلطانی ۱۱۹۸ ہجری العادل سنہ

۲۔ ٹکوڑا = ۱۲۱۵ ہجری دارالضرب = پٹن ۔ نگر ۔ دھات ۔ سونا

اگلا رخ = ج نگر

پچھلا رخ = هون محمد السلطانی العادل ۱۲۲۱ھ

۳۔ مولودی = ۱۲۲۱ ہجری دارالضرب = پٹن نگر خورشید سواد دھات = سونا

اگلا رخ = فاروقی نگر ج سنہ

پچھلا رخ = هون محمد السلطان حیدر الوالعادل ۱۲۲۱ء

۴۔ فاروقی

اگلا رخ = فاروقی

پچھلا رخ = خورشید سواد سنہ [نوٹ = "ح" حیدر کی نشان دہی کر رہا ہے اور "ح" کا آخری سرا "فاروقی" کی "ی" سے مل رہا ہے]

۵۔ مہر یا احمدی وزن = ۲۱۱ گرام دارالضرب = پٹن دھات = سونا

اگلا رخ = دین محمد احمد در جہاں است ج ضرب

پچھلا رخ = ہوالوالسلطان جید تاریخ سال نسخ العادل جلوس سیوم بہاری سنہ ۸ جلوس ش سال شتا ۱۲۲۱ء

۶ ۔ دوہرا روپیہ یا حیدری س (111 - 11 = PL) وزن = 350 گرین تاریخ = 1200 / 1198 ھ دارالضرب = پٹن ۔ کالی کٹ نگر ۔ دھات = سونا

اگلا رخ = دین احمد در جہان است ح ضرب نگر روشن وفتح حیدری سال جلوس = ۱۲۲۰ ہجری

پچھلا رخ = ھو السلطان حیدر ابو العادل ۔ سیوم بہاری سال دلو سنہ ۶ جلوس

۷ ۔ پاؤ روپیہ یا باقری (1021 = PL) وزن = 41 گرین دارالضرب = پٹن دھات = سونا

اگلا رخ = محمد ھو السلطان حیدر ابو العادل ۱۲۲۱

پچھلا رخ = باقری ح پٹن

۸ ۔ جعفری (1022 = PL) وزن = ۱۹ گرین دارالضرب = پٹن دھات = چاندی

اگلا رخ = سنہ ۱۲۲۱ محمد ضرب پٹن

پچھلا رخ = جعفری سنہ ۱۱ جلوس

۹ ۔ کاظمی وزن = گرین دارالضرب = پٹن دھات = چاندی

اگلا رخ = کاظمی سنہ ۱۱ جلوس

۱۰ ۔ خضری (11016 = PL) دارالضرب = دارالسلطنت دھات = چاندی

اگلا رخ = ضرب دارالسلطنت

پچھلا رخ = جعفری ۲۱

تانبے کے سکوں پر کندہ تحریریں

ٹیپو سلطان کے تکنبے کے سکوں پر بہت ہی مختصر عبارت ہے۔ اگلے حصے پر ایک ہاتھی کندہ ہے جو ایک پرچم کو سہارا دئے ہوئے ہے۔ سوائے چند کے سب پر تاریخ ہندسوں میں کندہ ہے۔ اور ان پر مولودی یا محمد مولودی لکھا ہے اور پچھلے حصے پر صرف "ضرب دارالسلطنت" کندہ ہے۔

ان سکوں کے بارے میں ہمیں تفصیلی معلومات NUMISMATIC SOCIETY OF INDIA کی طرف سے ۱۹۱۴ء میں شائع کردہ کٹیلاگ سے حاصل ہوتی ہیں جس کو

OCCAIONAL MEMOIRS OF THE NUMISMATIS INDIA.

REV. GEO. RATAYLOR نے THE COINS

OF TIPU SULTAN

کے نام سے تیار کیا تھا۔ اس کے علاوہ STANDARD CATALOGUE OF WORLD COINS نامی کتاب سے بھی مدد ملی جس کو ۱۹۸۲ء میں CHESTER L KRAUSE اور CLIFFERD NISHU نے مرتب کیا ہے۔ سالار جنگ لائبریری (حیدرآباد) کے مخزونہ ایک قدیم مخطوط (673) "لغدر رؤاں" مصنفہ محمد عباس شیرازی سے بھی ٹیپو سلطان کے سکوں کے متعلق معلومات حاصل ہوتی ہیں۔

عہد نواب میر نظام علی خاں
کی
سیاسی ،اقتصادی اور سماجی حالت
دفتر دارالانشاء کی روشنی میں

اولاً یہ مناسب ہوگا کہ دفتر دارالانشاء کا مختصر تعارف کروایا جائے ۔تو آئے دیکھیں کہ یہ کیا ہے ۔دارالانشاء ایک عربی(phrase) ہے جس کے معنی یوں ہیں(دار= گھر + انشاء= تحریر) یعنی ایسی جگہ جہاں لکھا جاتا ہو---- house of scribe اس دفتر کو ایک پرائیوٹ سکریٹری کے دفتر کی حیثیت حاصل تھی آصف جاہ اول نے مغل بادشاہوں کے انتظام حکومت کی طرح اپنی ریاست میں بھی سہولت کی خاطر مختلف محکمے بنائے تھے ۔ جنہیں دفتر کہا جاتا تھا ۔ دفتر ملکی و مال دفتر دیوانی دفتر مناصب و خطابات دفتر بخشی گیری دفتر مواہیر دفتر قانون گوئی دفتر صدارت العالیہ وغیرہ ۔ انہیں میں سے دارالانشاء بھی ایک دفتر تھا ۔ جو بہت اہمیت کا حامل تھا کیوں کہ اس کا راست تعلق نظام سے تھا ۔ اس کے سارے اسنادات آج بھی سرکاری دفترے تحفظ اسناد یعنی State archieves حیدرآباد میں محفوظ ہیں ۔ اس کا انچارج ناظم دارالانشاء یا میر منشی کہلاتا تھا جس کا عہدہ تقریباً چیف سکریٹری کے مماثل تھا عہد میر نظام علی خاں میں میر غلام حیدر خاں ممتاز جنگ اعتصام الدولہ اعتصام الملک عہدہ دارالانشاء پر فائز تھے اور یہ عہدہ موروثی ہوتا تھا۔

خدمت نظم دارالانشاء را کرد تفویض شاہ ملک دکن
شد عطارد محاسب از سالش منشی مستقل ملک دکن[1]

اس دفتر میں ہمیں مختلف قسم کے اسناد ملیں گے مثلاً خط، رقعہ، شقہ، خریطہ، عنایت نامہ، سوال، واجب العرض، اخبارات، تہ نامجات، جنتری، یاد داشت، مچلکہ، سند، پروانہ، پروانگی تجویز القاب، اسم نویسی، برآورد، قبض الوصول، دستک راہداری، چٹھی، رسید وغیرہ اور ہر کاغذ کی نوعیت و اہمیت جداگانہ ہے۔ ان اسناد کے مطالعہ سے ہمیں اس عہد کے سیاسی و اقتصادی اور سماجی حالات کا پتہ چلتا ہے۔ جو معلومات ہمیں ان اسناد سے ملتے ہیں ان کی اہمیت اولین ماخذ کی ہے اور جو کتابوں میں ملتے ہیں وہ ثانوی حیثیت رکھتے ہیں۔

سیاسی حالات

ہمیں اس عہد کے سیاسی حالات کا پتہ سب سے پہلے تہہ ناموں سے ملے گا، ان تہہ ناموں کی تقسیم کچھ یوں ہوگی۔

۱۔ فیمابین نوابان میسور، ایسٹ انڈیا کمپنی۔ نواب میر نظام علی خان اور پیشوایان مرہٹہ

۲۔ فیمابین نظام، ایسٹ انڈیا کمپنی اور پیشوایان مرہٹہ

۳۔ فیمابین میر نظام علی خان اور پیشوایان مرہٹہ

۴۔ فیمابین ایسٹ انڈیا کمپنی اور مرہٹے

ان تہہ ناموں Treati es سے ہم کو ان تمام لڑائیوں اور معرکوں کا پتہ چلتا ہے جو اس عہد میں ہوئیں اور یہ تہہ نامے انگریزی، فارسی اور مرہٹی

زبانوں میں لکھے گئے نظام علی خان کا دور دکن کی تاریخ میں بہت ہی جدوجہد کا زمانہ ہے اور انہیں بہت سے مراحل سے گذرنا پڑا اور فرانسیسیوں، مرہٹوں اور ایسٹ انڈیا کمپنی اور نوابان کرناٹک و میسور سے پے در پے لڑائیاں لڑنی پڑیں اور کئی صلح نامے لکھے گئے جو آج بھی اسٹیٹ آرکائیوز حیدرآباد میں موجود ہیں۔ اور پکڑی سیتھو مادھوراو کے بیان کے مطابق بمبئی اور پونہ میں بھی یہ تہہ نامے موجود ہیں جو اس دور کے سیاسی حالات کا اولین ماخذ ہیں نواب میر نظام علی خان کے لیے سب سے بڑا مسئلہ مرہٹوں سے نپٹنا تھا۔ انہیں مرہٹوں سے لڑائی میں دو دفعہ شکست ہوئی۔ سب سے بڑی لڑائی سند کھیڑ کے مقام پر سنہ ۱۷۵۷ء میں ہوئی۔ دوسری اہم لڑائی جنوری ۱۷۶۰ء میں اودگیر کے مقام پر ہوئی۔ یہ لڑائیاں جنگ سند کھیڑ اور جنگ اودگیر کے نام سے موسوم ہیں۔ ان دونوں لڑائیوں میں ہزیمت اٹھا کر انہوں نے بیجاپور، دولت آباد، احمد نگر اور برہان پور کو مرہٹوں کے قبضہ میں دے دیا اور ایک تہہ نامہ لکھا گیا۔[۲]

نظام علی خان انگریزوں کے طرفدار تھے۔ انہیں سلطنت برطانیہ سے "یار وفادار" کا خطاب عطا ہوا تھا جو ہمیں خریطوں سے معلوم ہوتا ہے۔ سنہ ۱۷۶۶ء میں تو کلائیو نے سلطنت دہلی سے شمالی سرکار کو حاصل کرنے کی سند حاصل کی تھی جس کی وجہ سے ریاست حیدرآباد کو نقصان پہنچا لیکن انگریزوں نے پھر ۱۷۶۶ء میں آصف جاہ سے ایک صلح نامہ کر لیا جس کی رو سے کمپنی نے نواب کو نو لاکھ روپیہ بطور پیشکش دینا قبول کر لیا اور انہوں نے یہ بھی وعدہ کیا کہ کمپنی فوج نظام کی مدد کے لیے رہے گی۔ اور یہیں سے نظام اور انگریزوں کی دوستی کی بناء ہوئی[۳]۔ اور قرار پایا کہ کمپنی نظام کے دوست کو اپنا دوست اور نظام

کمپنی کے دوست کو اپنا دوست سمجھیں گے اور ایک دوسرے کے دشمن کو اپنا دشمن سمجھیں گے۔

۱۷۶۷ء میں نظام نے حیدر علی خان کے ساتھ مل کر جنوب کے چند علاقوں کو فتح کرنا چاہا لیکن انگریزوں نے مزاحمت کی اور ترچنا پلی کے مقام پر لڑائی ہوئی جس میں نظام کو شکست اٹھانی پڑی۔ صلح نامہ کر کے پھر امن بحال کیا گیا، اس صلح نامہ پر رکن الدولہ کے دستخط ہیں[4]۔ جو اس زمانہ میں مدارالمہام حیدرآباد تھے۔

۱۷۷۲ء میں نظام نے مرہٹوں اور حیدر علی سے پھر ایک صلح نامہ کیا جو مادھوراؤ پیشوا کی وفات اور نارائن راؤ کے قتل کے بعد ہوئی۔ رگھوتم راؤ نے نظام سے مدد طلب کی اور انگریزوں کو بھی ہموار کیا۔ نانا فرنویس نہیں چاہتے تھے کہ رگھوتم راؤ پیشوا بنے۔ اور انہوں نے نظام اور انگریزوں سے بیچ میں پڑ کر سالبائی کے مقام پر ایک صلح نامہ کروایا[5]۔ جس کے ذریعہ قرار پایا کہ ٹیپو سلطان کے خلاف یہ ایک دوسرے کی مدد کریں گے[6]۔ اور اس ایک ہی سال میں دو ریزیڈنٹس کا تبادلہ ہوگیا جس کی وجہ سے نظام کی طاقت کو دھکا پہنچا۔

۱۷۸۹ء میں لارڈ کارنوالس نے مرہٹوں، تنجاور کے راجہ اور ٹراونکور کے راجہ سے دوستی کر لی اور اس نے نظام کے ساتھ پھر ایک صلح نامہ پر دستخط کئے جس کی رو سے قرار پایا کہ ضرورت پر کمپنی نظام کی مدد کے لیے فوج مہیا کرے گی اس طرح نظام کو تقویت پہنچی۔ اسی سال ٹیپو سلطان نے اعلان جنگ کر دیا اور لڑائی میں پسپا ہوا اس لیے بطور تاوان جنگ ۵،۰۰،۰۰۰۰ م روپیہ انگریزوں کو دینا قبول کیا۔ سنہ ۱۷۹۰ء میں ہوی ایک سہ رکنی تہہ نامہ

انگریزوں، نظام اور مرہٹوں کے درمیان ہوا[۸]۔ یہ صلح بہت دن تک نہیں رہ سکی اور تیسری جنگ میسور ۱۷۹۰ء ہوئی اور ٹیپو سلطان کو ہزیمت اٹھانی پڑی اور نظام کو کڑپہ، گوٹی اور چند دوسرے پرگنے اور بطور پیش کش ایک بڑی رقم بھی ملی[۹]۔ مرہٹے چوتھ اور سردیس مکھی کا مطالبہ کرنے لگے ارسطو جاہ نے معاملہ کو سلجھانے کی کوشش کی لیکن کامیابی نہیں ہوئی[۹]۔

اسی اثناء میں سرجان شور گورنر جنرل ہوا اور وہ نظام کو فوجی امداد جو ۱۷۹۰ء کے صلح نامہ کی روسے دی جانی چاہیے تھی بند کردی اور اس کے ساتھ جو سہ رکنی عہد نامہ ہوا تھا وہ بھی تقریباً کالعدم ہوگیا اور اس طرح نظام کو فرانسیسیوں سے مرہٹوں کے خلاف مدد لینی پڑی۔ جب ماونٹ ریمنڈ کی طرف سے مدد ملنے لگی تو نظام نے مرہٹوں کو سردیس مکھی اور چوتھ دینے سے انکار کردیا۔ سنہ . میں لڑائی ہوئی نظام کو ہزیمت اٹھانی پڑی اور بطور تاوان جنگ ۲۰۰۰۰۰۰۰ روپیہ چوتھ و سردیسمکھی ادا کرنا پڑا۔ اس کے علاوہ دولت آباد کے قلعہ سے بھی ہاتھ دھونا پڑا[۱۰]۔ اور ارسطوجاہ کو بطور یرغمال مرہٹوں کے قبضہ میں چھوڑنا پڑا۔ اس صلح نامہ کے ایک سال بعد مادھو راؤ دوم کا انتقال ہوگیا جس کی وجہ سے مرہٹوں کی طاقت کم ہوگئی اور انہیں ارسطوجاہ کو رہا کرنا پڑا[۱۱]۔

اسی اثناء میں عالی جاہ نے میدک کے زمیندار سدا سیو ریڈی سے مل کر بغاوت کردی اور نظام نے فرنچ جنرل ریمنڈ کو اس بغاوت کو فرو کرنے کے لیے روانہ کیا لیکن نظام کو اس قدر صدمہ ہوا کہ وہ مفلوج ہوگئے[۱۲]۔

دوبارہ جمیس اکلس کرک پٹرک نے ایک معاہدہ کیا جس کی روسے نظام

کو فرانسیسی فوج برطرف کرنا پڑا ۔ اور ۱۷۸۹ء میں چوتھی جنگ میسور ہوئی، ٹیپو سلطان شہید ہوا اس طرح میسور کے قبضہ کا ہمیشہ کے لیے خاتمہ ہوگیا۔[۱۳]

۱۸۰۰ء اکتوبر میں نظام نے پھر انگریزوں سے ایک صلح نامہ کیا جس کی روسے بہت سے تلنگانہ کے علاقے انگریزوں کے قبضہ میں چلے گئے اور صرف تلنگانہ کے نو اضلاع، مہاراشٹرا کے پانچ اور کرناٹک کے تین ضلعے باقی رہ گئے آخر کار ۱۸۰۳ء میں نواب میر نظام علی خان کا انتقال ہوگیا

اقتصادی حالت

نواب میر نظام علی خاں کے عہد کے ابتدائی حصے میں تو سلطنت خوش حال تھی لیکن جب مرہٹوں کے پے درپے حملے ہوئے اور نظام کو سرد یسمکھی اور چوتھ دینا پڑا، اور کہیں کہیں بغاوت، آآ وغارت گری ہونے لگی تو اس کا اثر حکومت کے خزانہ پر پڑا، اور دوسری وجہ انگریزوں کا دباؤ بڑھ جانے کی تھی۔ جب انگریز فوج نظام کے پاس تھی تو ان کے تمام اخراجات نظام کو ہی برداشت کرنا پڑتا ۔ اور انہوں نے اپنی ریاست کے کئی حصے برٹش ایسٹ انڈیا کمپنی اور مرہٹوں کو دے دئے جس کے بدلے میں کمپنی نے نظام کو کچھ رقم بطور پیش کش ادا کرنے کا وعدہ کیا ۔ یہ بات ہمیں دارالانشاء کے داخلی شواہد مثلاً واجب العرض، تہہ ناموں وہ سرکارات راجمندری، مصطفیٰ نگر مرتضیٰ نگر اور سریکاکلم کے تمام حقوق کمپنی کو دے دیے اور اس کے عیوض کمپنی ایک مقرر وقت تک نظام کو پیشکش ادا کرے گی[۱۴]۔ لیکن یہ رقم برابر ادا ہنیں کی جاتی تھی بلکہ اس کے لیے خریطہ بھیجنا پڑتا۔[۱۵]

نہ صرف کمپنی بلکہ ٹیپو سلطان نے بھی بطور خراج پیشکش ادا کی۔[۱۶]

اس کے علاوہ سہ بندی جو ایک قسم کا ٹیکس تھا وصول کی جاتی تھی جس کے متعلق ارون نے کہا ہے۔

The name for the armed men entertained by the local officers when engaged in collecting the land revenue.

کسانوں سے محصول وصول کیا جاتا ۔ اس محصول کے جمع کرنے کے طریقے کو تعہد Lease کہا جاتا اور جو شخص تعہد ادا کرتا تھا اس کو تعہددار یا متعہد Lease Holder کہا جاتا ۔ محصول کی عدم ادائی پر زمینداروں کو قید کردیا جاتا[۱۸] ۔ کسانوں سے جمع بندی وصول کی جاتی[۱۹] ۔ محصول کبھی ایک سال کا ادا کیا جاتا اور کبھی دو یا تین سال کا ایک ساتھ ادا کیا جاتا[۲۰] ۔

یہاں تنخواہ سے مراد وہ مقررہ Amaluments ہوتے تھے جو کسی شخص کو بطور رقم ، جنس یا زمین ادا کئے جاتے ، اور جو زمین تنخواہ کے طور پر عطا کی جاتی تھی اس کو جاگیر کہا جاتا تھا اور اس کے لیے تجویز یوں ہوتی ۔ جاگیر تنخواہ شود ۔[۲۱] اور جو تنخواہ جنس کی شکل میں ادا کی جاتی تو اس میں مدد خرچ بھی شامل ہوتا ، یہ لفظ وظیفہ کے لیے بھی استعمال ہوتا[۲۲] ۔ تنخواہ دینے کے مقاصد مختلف ہوتے ۔ مدد خرچ ، برطرفی ، تقرر ، مکرر تقرر ، مہنائی ، دست گردان پیشگی ، کاہ و دانہ ، خرید جانورا ، مذہبی رسومات مثلاً عیدین ، عود و گل ، زنار بندی ، میلہ یا مندروں و مسجدوں کے خرچ کے لیے ۔ جس سے ان بادشاہوں کی مذہبی رواداری اور رعایا سے محبت کا پتہ چلتا ہے[۲۳] ۔

بعض ۔۔ خلی شواہد سے معلوم ہوتا ہے کہ امراء جاگیر دار منصبدار اور چودھری وغیرہ استدعاء کرتے کہ انہیں علی الحساب پیشگی رقم ادا کردی جائے اور حسابات مکمل ہونے پر ان کی تنخواہ سے مہنا کرلیا جائے کبھی سرکاری مصارف کے لیے مثلاً کاہ ودانہ ۔۔۔۔ خرید جانوارن، آمدورفت وغیرہ کے لیے بھی علی الحساب رقم لیے لی جاتی، اور کبھی خانگی اخراجات جیسے تسمیہ خوانی، شادی بیاہ، بیماری، تجہیز و تکفین وغیرہ کے لیے[۲۴]۔ کبھی برطرفی کے موقع پر معروضہ کیا جاتا کہ کچھ رقم علی الحساب دی جائے[۲۵]۔

ان رقومات کی ادائی سرکاری خزانہ سے کی جاتی اور مشرف خزانہ کو احکام جاری کئے جاتے، کبھی ساہوکاروں سے رقم دلوائی جاتی اور کبھی امراء سے کہا جاتا کہ فلاں عید کی نذر پیشگی فلاں شخص کو بطور رقم ادا کی جائے[۲۶]۔ عامل پرگنہ کو بھی اکثراوقات ہدایت کی جاتی کہ یہ رقم جنس یا رقم کی صورت میں ادا کرے

دارالانشاء کے اسنادات کے مطالعہ سے معلوم ہوتا ہے کہ اس زمانے میں حکومت کا خزانہ خالی ہورہا تھا۔ بادشاہ ساہوکاروں کے نام چٹھی لکھتے کہ فلاں شخص کو رقم دی جائے اور بعض وقت عرضی یا واجب العرض یا سوال پر تجویز کی جاتی۔ "چٹھی بنام کوماجی نائک بنویسند" یا "چٹھی بنویسند" اور ساہوکار نظام کو قرض دینے سے انکار کردیتا کہ اس کا پچھلا قرض ہی ابھی تک ادا نہیں ہوا[۲۷]۔ اور نظام کی طرف سے دوبارہ پھر چٹھی جاتی اور وہ تمسک کا طلب گار ہوتا، نظام کے پاس سے تمسک جاری ہوتا جس کی تجویز یوں ہوتی۔ "تمسک بدہند"[۲۸]۔ اس طرح ساہوکار سرکاری مشنری کا ایک حصہ بن گئے بعض واجب العرض کے مطالعہ سے معلوم ہوتا ہے کہ نظام نے ۲۰ فیصد سود سے بھی ساہوکاروں سے قرض لیا

ہے یوں ریاستی حکومت میں ساہوکاروں کا بہت رسوخ بڑھ گیا۔[۲۹]

بازاروں میں اشیاء کی قیمت معین کی جاتی اور نرخ نامے جاری کئے جاتے ان کی جانچ پڑتال کے لے عہدہ دار مقرر ہوتے۔ تبادلہ زر کے موقعہ پر جو بٹاون لیا جاتا اس کی جانچ پڑتال بھی کی جاتی۔ کپڑے پر ٹیکس لگایا جاتا اور مشروع، کمخواب اور میوہ برآمد کیا جاتا۔ جس کے لیے دستک جاری کئے جاتے اور راستہ کی صعوبتوں سے محفوظ رہنے کے لیے دستک راہداری Pass Port دیا جاتا جس کی ہر پولیس چوکی پر تنقیح کی جاتی۔

سماجی حالات

یہ وہ زمانہ ہے جب کہ ملک میں لسانی اور سماجی رواداری برتی جاتی تھی ہندو مسلم دونوں شیر و شکر کی طرح زندگی بسر کرتے تھے۔ جہاں مسلم امراء کو دربار میں عزت دی جاتی تھی وہیں ہندو امراء کو بھی ان کے برابر عزت و احترام کا حقدار سمجھا جاتا تھا۔ انہیں بھی خلعت زر و جواہر۔ پالکی، مورچھل اور دوسرے اعزازات سے نوازا جاتا تھا اور دربار میں ایک خاص مقام بھی حاصل ہوتا۔ یہی نہیں بلکہ ان کو بڑے بڑے عہدے بھی دئے جاتے جیسے دفتر ملکی و مال جو بہت ہی اہم دفتر تھا وہ راجہ دھرم ونت بہادر کو دیا گیا۔ دفتر دیوانی راجہ امانت ونت بہادر کو دیا گیا۔ اور ان کو خطابات بھی عطا کئے جاتے تھے جو آج بھی دفتر دارالانشاء کے القاب نامہ میں موجود ہیں۔ دارالانشاء میں جو القاب نامہ محفوظ ہے اس سے ہمیں اس زمانے کے سیاسی اور سماجی حالات کا پتہ لگتا ہے اور بہت سے اشخاص عہدے اور ان کی اہمیت کا اندازہ ہوتا ہے۔ ان کے مختلف زمرے تھے۔

مرشدزادہ، امرائے خاص، قلعہ دار، رسالہ دار، تعلقہ دار، جمعدار، مشائخ، متصدی، زمیندار، خواجہ سرا، اصیل، ماما، مغلانیاں وغیرہ اور ان سب کو ان کے عہدہ اور سماجی حیثیت کے مطابق خطابات و القابات عطا کے جاتے یہاں تک کہ ہندو راجاؤں کے حرم اور خود آصفجاہ کے حرم، دختران اور پوتا پوتی کو بھی خطابات و القاب عطا ہوتے اور ساتھ ہی انہیں انعام و اعزازات بھی بخشے جاتے۔ جیسے علم و نقارہ، ماہی مراتب، زنجیر فیل، پالکی جھالر دار، مور چھل وغیرہ۔ اور مختلف قسم کے جڑاوی و طلائی زیور جیسے سرپیچ مرصع، جیغہ تورہ، کلغی، کنٹھی، ہار، مالا، بھوجبند، بازوبند، سمرن نورتن، دست بند، وغیرہ معہ خلعت چہار پارچہ کے عطا کئے جاتے[۳۳] اور بادشاہ کی رواداری کا یہ حال تھا کہ مختلف عیدوں اور تہواروں کے مواقع پر امراء کے پاس مبارک باد دینے کے لیے جاتے اور ان سے نذر قبول کرتے اور شادی بیاہ و غم کے موقع پر بھی رقمی امداد کے ساتھ ساتھ خود بہ نفس نفیس شرکت کرتے۔

دارالانشاء کے اسنادات کا مطالعہ کرنے سے یہ پتہ چلتا ہے کہ بادشاہ اپنے ہندو عہدیداروں پر پورا بھروسہ کرتے تھے اور ان کے تفویض اہم عہدے ہوتے جو یوں تھے۔ محکموں کی صدارت جیسے محکمہ مال وملکی اور دفتر مواہیر و دفتر دیوانی، ان ہی کے سپرد تھے۔ اس کے ساتھ ہی ساتھ متصدی جو مختلف دفاتر میں ہوتے وہ ہندو ہوتے اور ہر کارہ بادشاہی یعنی وہ آدمی جو نظام کے خط دربار دہلی تک پہونچاتا وہ بھی اسی سے تعلق رکھتا۔ اور بعض دارالانشاء کے مددگار منشی، جیسے منشی اورنگ لال، منشی رام سنگھ وغیرہ بھی ہندو تھے[۳۴] ہندو زمینداروں کو اس طرح خطابات و القاب ادا ہوتے۔

راجہ واسر ریڈی ، وینکاداری دیسمکھ مرتضی نگر و مصطفی نگر کو تہور وجلادت دستگاہ، شہامت و عوالی مرتبت ۔ راجی سیواجی پونا والا راجا سبھناجی کشن راؤ دیشپانڈے و دیسمکھ کو تو پران پرگنہ ۔ بالکشن ریڈی ونا گاریڈی ملا ریڈی دیسمکھ وغیرہ کے لیے حسب ذیل القاب ہیں ۔

ابواب مرتبت وکامران بروے روزگار ، ابہت و ایالت مرتبت خوشحال و عمدہ باد ، زبدۃ الاعمال و قرار ۔

راجا دھرم ونت ۔ ۔ ۔ رفعت و عوالی پناہ

راجا اندر جیت مشرف دیوان خانہ

راجا روشن رائے ، راجہ چندو لال ، راجہ دیچند فتح ونت راو رفعت و خصوصیت دستگاہ (یہ مشرف دیوڑھی مبارک تھے)

مہاراج ونت ، عقیدت دستگاہ و رفعت پناہ راجہ بالا پرشاد ۔ رفعت پناہ رائے کھیم کرن شمشیر ونت اور راجا نیم ونت کے لیے ، جلادت دستگاہ ، تہور دستگاہ الشونت راؤ اور راجا جگت راؤ نبیرگان راجا راؤ رنبھا کے لیے رفعت و عوالی پناہ ، امانت و نجستہ دستگاہ ۔

راجا امانت ونت بہادر پسر راجہ شام راج کے لیے ۔ شہامت و عوالی مرتبت دیانت و موالی منزلت ، خانہ زاد باعتقاد ، مشمول الطاف باشد ۔

راجا رائے رایاں بہادر دیانت ونت و راجا چندو لال و راجا رکھوتم راؤ کے لیے شہامت و عوالی مرتبت ، دیانت و موالی منزلت ، دولت خواہ با اعتقاد لدوی من مشغول الطاف باشد ۔

دربار آصفی کی عجیب بات یہ ہے کہ یہاں ماما کو بہت اہمیت حاصل تھی

ماما ملازمہ کو کہا جاتا ہے ۔ یہ لوگ زبانی احکام بادشاہ سے عہدہ داروں کو پہنچاتے تھے اور یہ رات دن بہت ہی اہم انتظامی کام انجام دیتے تھے جو بغیر کسی تعلیم یا تربیت کے ممکن نہیں ۔ قیاس کہتا ہے ان کو ایک خاص تربیت دی جاتی ہوگی ان کی اتنی اہمیت تھی کہ امراء بھی انہیں سلام کرتے اور ان کی عزت کرتے تھے اور ان پر پورا بھروسہ کیا جاتا ۔ انہیں خطابات ، القابات اور انعام واکرام سے نوازا جاتا ۔ ان کو معتمد الخدمت کے نام سے یاد کیا جاتا ۔ ان کے علاوہ اور ملازمائیں ہوتیں جن کو اصیل اور مغلانی کہا جاتا ۔ انہیں بھی ۔ معتمد الخدمت ۔ اور عصمت پناہی کے القاب عطا ہوتے ۔[۳۵]

ان تمام باتوں کے علاوہ ارباب طرب کو بھی خاص اہمیت حاصل تھی ماہ لقا بائی چندا دربار میں حاضری دیتی (جو ایک صاحب دیوان شاعرہ تھی) اور بادشاہ سلامت سے خطابات ، خلعت وانعام حاصل کرتی ۔ اس کو جاگیر بھی عطا کی گئی تھی اور اس کا نقار خانہ منڈی میر عالم کے قریب ، زمانہ حال تک موجود تھا ۔ اس کا ایک عاشور خانہ بھی تھا جہاں عزاداری ہوتی ۔ اور آج بھی کوہ مولا علی پر اس کا مقبرہ ، چو چندا کے مقبرہ کے نام سے موسوم ہے ، موجود ہے ۔

اس کے علاوہ دیہاتوں میں خاص طور پر کوتوال ہوتے جو ان ارباب طرب کا خیال رکھتے کوئی ان پر زیادتی نہیں کرنے پاتا ۔ اس کے شواہد ہمیں وقائع اورنگ آباد و وقائع بیدر سے ملتے ہیں ۔

اخبارات سے پتہ چلتا ہے کہ حسب ذیل امراء پابندی سے دربار میں حاضری دیتے تھے ۔

درویش محمد

حیدر علی

خدا قلی خاں

میر موسیٰ خاں رکن الدولہ

معین الدولہ، سہراب جنگ

سدا سیو راؤ چندر

ارسلان جنگ

الشجاع الملک

اعظم الملک

بہرام الدولہ

درگاہ قلی خاں

داور جنگ

اعتصام الملک

مہیپت رام

مولوی محمد اکرم

راجا پارام

راجا بھوانی داس دھرم ونت

راجا چندو لال

دینا ناتھ پنڈت

راجا مرلی داس

راجا نیم ونت

راجا شمشیر ونت

راجا روشن رائے

سید مل سورج ونت

سدا سیو ریڈی

راجا شنکر راؤ

راجا دریا ونت

شمشیر جنگ

شمس الامراء

صمصام الدولہ

طاہر علی خاں میرده

راجا رگھوناتھ راؤ ہرکارہ بادشاہی

انگریز عہدہ دار

مونت ریمنڈ

مسٹر اسٹوارٹ

جیمس اکلس کرک پیٹرک ۔۔ اور

مہ لقا بائی چندا[8]

غرض آصف جاہ چاہتے تھے کہ عوام کو خوش رکھیں اور ریاست کی بھلائی کو ہی اپنی بھلائی سمجھتے تھے ۔ رعایا کے آرام وآسائش کا ہر طرح خیال رکھا جاتا تھا، یہاں تک کہ مختلف پرگنوں اور سرکاروں میں بھی وقائع نویس موجود تھے ، جو ہر روز واقعات کی رپورٹ سرکار کو پہنچاتے رہتے ۔ مقامی طور پر کوتوال

اور پولیس چوکیاں عوام کی دیکھ بھال کے لیے ہوتیں ۔ اور چوروں اور قانون شکن سوداگروں، زمینداروں و عہدہ داروں کو سخت سے سخت سزا دینے سے بھی دریغ نہ کیا جاتا[۳۹] جو شخص لاولد مرجاتا اس کی جائیداد منقولہ و غیر منقولہ کو ہراج کر کے رقم بیت المال میں جمع کی جاتی[۴۰] اور جن کے وارث ہوتے ان کی جائیدا کو باہمی تصفیے سے ورثاء میں تقسیم کیا جاتا[۴۱] عیدین کے موقعہ پر قیدیوں کو رہا کیا جاتا[۴۲]

یہ ایک ہمہ لسانی علاقہ تھا جہاں پر کئی زبانیں بولی اور سمجھی جاتی تھیں ۔ نواب میر نظام علی خان کے عہد میں دکن کو چھ صوبوں میں تقسیم کیا گیا تھا اور اس کے بعد اس کی ضلع واری تقسیم عمل میں ائی اس کی لسانی اعتبار سے تقسیم کچھ یوں ہوئی تھی ۔

۱۔ خجستہ بنیاد اورنگ آباد ۔ ۔ ۔ مراٹھی ۔

۲ ۔ خاندیش ۔ ۔ ۔ ۔ ۔ ۔ =

۳ ۔ برار

(الف) بالاگھاٹ ۔ ۔ ۔ مراٹھی

(ب) پایاں گھاٹ ۔ ۔ ۔ ۔ مراٹھی

۴ ۔ محمد آباد بیدر ۔ ۔ ۔ ۔ ۔ مراٹھی

۵ ۔ دارالظفر بیجاپور ۔ ۔ ۔ مراٹھی

۶ ۔ فرخندہ بنیاد حیدر آباد ۔

(الف) تلنگانہ ۔ ۔ ۔ تلگو

(ب) کرناٹک بالاگھاٹ ۔ ۔ ۔ ۔ کنڑی

(ج) کرناٹک پائین گھاٹ ۔ ۔ ۔ کنڑی

اسی وجہ سے یہاں کی سرکاری زبان فارسی پر مقامی زبانوں کے مختلف اصطلاحات اور لہجہ کا بہت اثر پڑا۔ اور مقامی زبانوں کی اصطلاحات کو بعض وقت کچھ تصرف سے اور کبھی جوں کا توں اپنالیا گیا۔ جیسے۔

دیسمکھ دیسپانڈے، نائک، ساہوکار، مارواڑہ، کلالی، اسامی، پالیگار، ہرکارہ وغیرہ۔

بعض انتظامی اصطلاحات مثلاً کچن پٹی، کلالی، اسامی، سرد دیسمکھ دیسپانڈیہ گری، پھگانی، چاور وغیرہ

چند اسنادات کے نام = چٹھی، تمسک، پروانگی، مچلکہ وغیرہ

بعض مذہبی رسوم = اشنان، جل پان، درشن، قسم، گنگا جل وغیرہ

بعض زیوارات جیسے = مالا، کنٹھی، بجند، کڑا، سمرن وغیرہ

غرض کہ آصف جاہ کے زمانہ میں دکن میں ایک گنگا جمنی ہتذہب تھی اور کس قسم کا بھید بھاؤ اور تفاوت نہیں تھا۔ ہر شخص اپنے عہدہ اور سماجی معیار کے لحاظ سے خوش باش تھا، اور خود بادشاہ بھی اطمینان سے تھے۔ سیاسی حالات کے بگڑنے کے باوجود سماجی اقدار بہت ہی اعلی تھیں جو ایک بہت ہی خاص خوبی ہے۔

○

حوالے

(Notes and References)

ا۔ یادگار معتصمی از معتصم جنگ بہادر۔ حیدرآباد، گلشن جعفری از میر

نثار حسن - حیدرآباد ۱۳۱۲ھ

۲ - تہہ نامہ ۱، ۳، ۰، برگس ص ۶۱ پروفیسر سروجنی ریگانی صاحبہ

- The Nizam.s British Relations

۳ - تہہ نامہ ۶، ۳، ۰ برگس میں ۲۹ ڈاکٹر ضیاء الدین شکیب --

The Asaf Jahs Of Hyderabad-۴ ص

۴، تہہ نامہ - ۱۱، ۳، گرانڈ ڈف ص ۱۹۳، ریگانی ص ۱۳۱، برگس ص ۰،۷

ماثر آصفی - ص ۲۶۹، از یوسف حسین خاں -

۵ - برگس ص ۳، ۷، گرانڈ ڈف ص ۲۴۱ ریگانی ص ۱۴۰، یوسف حسن

خاص ص ۰، ۰، ۷، نجم الغنی - تاریخ ریاست ہائے حیدرآباد ص ۳۳۷ -

۷ تہہ نامہ ۱۰، ۳، ۶، ۳، ۵، ۳ برگس ص ۴، ۷، ریگانی ص ۱۵۵ شکیب ص

۵، نجم الغنی ص ۳، ۴

۸ - تہہ نامہ ۱۳، ۳، ۱۴، ۳ - برگس ص ۳، ۷، ریگانی ۱۵۶، نجم الغنی ص

۴۳۱، شکیب ص ۵

۹ - تہہ نامہ ۱۵، ۳، ۱۰، ۳، ۶، ۳ - ریگانی ص ۱۶۲

۱۰ - تہہ نامہ ۱۶، ۳، ریگانی ص ۱۶۹، نجم الغنی ص ۴۱۱ - ۴۲۸

۱۱ - ریگانی ص ۱۷۳، نجم الغنی ص ۴۱۲

۱۲ - تہہ نامہ ۴، ۳

۱۳ - تہہ نامہ ۸، ۳، ریگانی ص ۱۸۳، نجم الغنی ص ۴۳۱

۱۴ - واجب العرض ۱۱۹۱، ۱۱، ۹۷۳، ۱۱،

۱۵ - یادداشت ۱۴، ۱۲، ۱۱، ۱۲

۱۶۔ واجب العرض ۲۷۵۔۱۱، ۴۲۲۔۱۱، ۱۴۷۔۱۱

۱۷۔ واجب العرض ۰۶۰۔۱۱، ۱۰۵۳۔۱۱، ۲۹۔۱۲۔۱۶۱۶۔۱۱

۱۸۔ تعہد نامہ ۷۔۱، واجب العرض ۲۹۵۔۱۱

۱۹۔ یادداشت ۴۶۔۱۲

۲۰۔ واجب العرض ۳۲۳۔۱۱، ۱۷۲۴۔۱۱، ۳۹۵۔۱۱

۲۱۔ واجب العرض ۴۰۰۔۱۱، ۸۰۔۱۱، ۱۳۹۸۔۱۱

۲۲۔ واجب العرض ۳۰۲۔۱۱، ۳۳۳۔۱۱، ۴۴۳۔۱۱

افبار ۲۳۹۔۲، ۲۳۸۔۲۔۱۴۱۔۱

۲۴۔ واجب العرض ۳۰۹۔۱۱، ۱۲۹۶۔۱۱، ۱۱۹۷۔۱۱

۲۵۔ واجب العرض ۶۱۳۔۱۱، ۳۳۶۔۱۱

۲۶۔ واجب العرض ۲۵۶۔۱۱، ۳۱۰۔۱۱، ۶۱۶۔۱۱، ۲۱۴۔۱۱

۲۷۔ واجب العرض ۶۱۱۔۱۱، ۲۳۰۔۱۱، ۶۱۵۔۱۱

۲۸۔ واجب العرض ۳۲۳۔۱۱، ۱۷۲۴۔۱۱، ۱۳۹۵۔۱۱

۲۹۔ یادداشت ۱۔۱۲، واجب العرض ۳۵۲۔۱۱، ۵۵۸۔۱۱

۳۰۔ نرخنامہ ۲۔۲۸، ۷۔۲۸ یادداشت ۵۵ ۱۲

۳۱۔ اخبار ۲۲۱۔۲

۳۲۔ اخبار ۲۳۹۔۲، ۲۳۸۔۲

۳۳۔ القاب نامہ، جو اسٹیٹ آکارئیوز حیدرآباد کے دفتر دارالانشاء میں محفوظ ہے۔ اس کے علاوہ دیکھئے اخبار دربار دولت مدار فیض آثار

واجب العرض ۔ ۴۵۔۱۰، ۱۱، ۱ انبار ۳۳۸۔۲

۔ القاب نامہ و تجویز القاب دفتر دار الانشاء نواب میر نظام علی خاں

۳۶۔ القاب نامہ

۳۷۔ اخبار دربار معلیٰ و دربار فیض آثار

۳۸۔ تجویز القاب و اخبار فیض آثار

۳۹۔ اخبار ۲،۲۳۸،۲،۳۹

۴۰۔ اخبار ۲،۲۶۳،۲،۳۷۶

۴۱۔ اخبار ۲،۱۹۹

۴۲۔ اخبار ۲،۲۸۳

حوالے

القاب نامہ مخطوطہ نمبر (۱۸) دارالانشاء آندھرا پردیش
نجم الغنی ۔ تاریخ ریاست حیدرآباد لکھنو ۱۹۳۹ء

Brigss – Henry Brigss Jeorge "The Nizam" Vol.2 London 1861

Regani – Srojini Regani " Nizam.s British Relations 1724-1857 to Hyd.1963

Yousuf Ali Khan "A critical edition of Masir-i-Asafi of Doctoral Thesis 1965 of Lachmi Narayan Shafiq" Unpublished

Ziauddin Ahmed Shakeb " The Asaf Jahs of Hyderabad

Hyderabad Philanthesisit " Hyd. 1968

آصفجاہ دوم کے دور کے اخبارات

اخبارات عہد میر نظام علی خاں آصف جاہ دوم مخزونہ اسٹیٹ آرکائیوز حیدر آباد

اسٹیٹ آرکائیوز تاریخی ماخذ کا ایک ایسا خزانہ ہے جہاں کروڑوں اسنادات موجود ہیں جو تحقیق کرنے والوں کے لیے اولین ماخذ کی حیثیت رکھتے ہیں۔ ان ہی اسنادات کی ایک قسم اخبارات ہے جو آصف جاہ دوم یعنی نواب میر نظام علی خان سے نواب میر محبوب علی خاں کے عہد کا احاطہ کئے ہوئے ہیں اور ان کا تعلق آصفجاہی عہد کے ایک انتظامی محکمہ دفتر دارالانشاء سے ہے جو ایک سکریٹریٹ آفس کی حیثیت رکھتا تھا۔ یہاں پر صرف نواب میر نظام علی خاں کے عہد کے اخباروں پر روشنی ڈالی جائے گی۔ اخبار عربی لفظ خبر کی جمع ہے جس کے معنی اطلاع کے ہیں۔ اس لفظ کے کئی معنی ہو سکتے ہیں جیسے تاریخ، کہانیاں، گزٹ، تعلقات، مشورہ، روایات وغیرہ۔

عہد وسطی میں ہندوستان میں یہ طریقہ تھا کہ سارے ملک میں بڑے پیمانہ پر ایک جگہ سے دوسری جگہ خبر رسانی کا انتظام کیا جاتا تھا۔ وقائع نگار اور اخبار نویس مقرر تھے جو روزآنہ کے واقعات اور حالات کو قلمبند کیا کرتے تھے ہر گاؤں، شہر، قلعہ، محل، پرگنہ کے واقعات کو ضبط تحریر میں لاکر ایک جگہ سے دوسری جگہ بھیجا جاتا تھا۔ اس کے علاوہ اخبار نویس شہنشاہ، بادشاہ اور امراء کے درباروں میں مقرر ہوتے جو یہاں کے روزانہ کے حالات کو پیش کرتے۔ یہاں تک کہ روزآنہ دربار میں حاضر ہونے والوں کے نام بھی درج ہوتے اور اس کے ساتھ ہی ساتھ ان کو جو انعام و اکرام دیئے جاتے اس کا بھی

تذکرہ ہوتا ۔ بعض دفعہ عرض بیگی جو اہم واجب العرض یا یاداشت پڑھ کر دربار میں سناتے تو اس کا بھی ذکر کیا جاتا ۔ ان ہی اخبارت کو مختلف نام دئیے گئے ہیں جیسے سیاہہ ، سوانح ، وقائع ، روزنامچہ ، اخبار ، حالت ، سیاہ حضور ، روز نامچہ حضور وغیرہ ۔ یہ اخبارات دو طرح کے ہوتے تھے ایک تو وہ تھے جو بادشاہ کے محل و دربار اور امراء و نوابوں کی ڈیوڑھیوں سے متعلق ہیں ۔ ان میں اخبار دربار معلیٰ سیاہہ حضور ، روزنامچہ حضور ، اخبار ڈیوڑھی آصف الدولہ و سعادت علی خاں اخبار لکھواجی و علی بہادر ۔ دوسرے مختلف جگہوں کے اخبار ہیں جیسے اخبارات اورنگ آباد ، اخبارات صوبہ برار ، اخبارات بیجانگر ، اخبارات چناپٹن وغیرہ ۔ ان اسنادات کو لکھنے والے اخبار نویس وقائع نویس ، وقائع نگار ، سوانح نگار اور خطیہ نویس کہلاتے تھے ۔

ڈاکٹر ضیاء الدین شکیب صاحب نے وقائع نگار کو اخبار سے یوں الگ کیا ہے وہ اس طرح رقمطراز ہیں ۔

" The even contained in siahae-Waqaih relates one way or other to the matters of law and order or such subjects which with jurisdiction of the police."

(مغل آرکائیوز جلد اول)

ڈاکٹر جادو ناتھ سرکار نے مراۃ احمدی جلد نمبر دو صفحہ نمبر ۱۷۷ کے حوالہ سے اس طرح لکھتے ہیں کہ وقائع ہفتہ میں ایک دفعہ سوانح دو دفعہ اور اخبار ہر کاروں کے ذریعہ مہینہ میں ایک دفعہ بھیجے جاتے تھے ۔ ایک جگہ سے دوسری

جگہ اطلاعات بہم پہنچانے کے لیے وقائع نویس صوبہ جات کے ہر پرگنہ میں مقرر تھے جو ہر روز اخبارات ایک ڈاک چوکی کے ذریعہ ایک جگہ سے دوسری جگہ پہنچاتے تھے جس کے لیے ہرکارے مقرر تھے۔ ان ہرکاروں کو ایسے قبیلوں سے لیا جاتا تھا جو تیز دوڑ سکتے تھے۔ یہ اکثر گونڈ اور بھیل قبیلہ سے تعلق رکھتے تھے۔ ان ہرکاروں کے ہاتھ میں ایک ڈنڈا ہوتا جس پر گھنگرو لگے ہوتے تاکہ آگے کی چوکی والوں کو معلوم ہو جائے کہ اخبار آرہا ہے۔ ان کے انتظام کے لیے ایک داروغہ مقرر ہوتا جس کو داروغہ ہرکارہ کہا جاتا تھا۔

مقامی اخبار نویس یا وقائع نویس اپنی تحریر مقامی زبان (ہندوی) میں لکھتے جس کا ترجمہ فارسی زبان میں دفتر دارالانشاء میں کیا جاتا۔ یہی وجہ ہے کہ ان اخبارات کی فارسی پر مقامی زبانوں کا بہت زیادہ اثر ہے۔ ان میں مرہٹی، کنڑی اور تلگو کے بہت سارے الفاظ اپنی متبادلہ شکل میں موجود ہیں اور بعض تو جوں کے توں استعمال ہوئے ہیں۔ جیسے ڈاک چوکی، کنٹھی، مالا، ولیشمکھ، ولیش پانڈے، سرولیش مکھی، چوتھ، چٹھی، دلال، پنڈت پردھان ہٹواری، پرگنہ وغیرہ۔ اخبار نویس ان خبروں کو دو طرح سے تحریر کرتے۔ ایک وقوعی اور دوسرا سماعی۔ وقوع یعنی جو واقعات وقوع پذیر ہوئے ہیں ان کا معائنہ اور مشاہدہ کر کے رپورٹ لکھی جاتی اور سماعی یعنی دوسروں سے واقعات سن کر قلمبند کئے جاتے۔ ایسی خبروں کو انتخابات کہا جاتا۔ ان تمام اخبارات میں سماجی، سیاسی، انتظامی، معاشی، مذہبی اور ہر قسم کے معلومات درج ہیں۔ ان سے پتہ چلتا ہے کہ اس عہد میں عوام کی بھلائی کا خاص خیال رکھا جاتا تھا۔ قحط پڑنے کی صورت میں حکومت کی طرف سے رعایا کو اناج تقسیم کیا جاتا۔ اضلاع

اور پرگنوں میں بھی پولیس کا خاص انتظام ہوتا۔ جرم کا ارتکاب کرنے والوں کو کڑی سزا دی جاتی تھی۔ ارباب طرب کی حفاظت کا بھی خاص خیال رکھا جاتا۔

اخبارات دربار معلیٰ سے معلوم ہوتا ہے کہ سلطنت دہلی کا خزانہ خالی تھا۔ بادشاہ اپنی ڈیوڑھیوں اور زیورات کو رہن رکھتے اور ساہوکاروں سے قرض لیتے تھے۔ مختلف مذہبی رسومات کی ادائیگی کا بھی خاص خیال رکھا جاتا۔ عید نور روز بڑی دھوم سے منائی جاتی۔ عید الفطر و اضحیٰ کا بھی انتظام ہوتا۔ محرم کا اہتمام بھی کیا جاتا۔ معصومین کے نام سے ناداروں کو کھانا تقسیم کیا جاتا اور شربت وغیرہ کا بھی اہتمام ہوتا۔ اکثر اخبارات دربار معلیٰ میں سفرہ مولا علی اور بی بی سیدہ کی صحنک کرنے کا بھی ذکر ملتا ہے۔ اس کے ساتھ ساتھ ہولی اور دیوالی کے موقعہ پر ہندو رعایا سے نذر قبول اور ان کو تحفہ تحائف دینے کا ذکر بھی ملتا ہے۔ اسی طرح اخبار دربار دولت مدار اور اخبار دربار فیض آثار جو میر نظام علی خاں کے عہد کے اخبار ہیں اس میں اس عہد کے حالات پر روشنی پڑتی ہے۔ جس سے بادشاہ کی رواداری کا پتہ چلتا ہے کہ جہاں مسلم رعایا کو مراعات وعہدے دیئے جاتے تھے وہیں دوسرے مذہب والوں کے ساتھ ایسا ہی برتاؤ کیا جاتا تھا۔ خصوصیت سے کائستھ اور برہما چھتری خاندان کے لوگ بڑے بڑے عہدوں پر فائز تھے جس سے معلوم ہوتا ہے کہ بادشاہ کو اپنی رعایا پر پورا بھروسہ تھا۔ ان اخبارات سے دربار میں حاضر ہونے والوں کے جو نام ہمیں ملتے ہیں وہ حسب ذیل ہیں اور ان کا ذکر میں سمجھتی ہوں کہ اہم ہے۔ دربار فیض آثار میں حاضر رہنے والوں کے نام کچھ یوں ہیں۔

درویش محمد، حیدر علی خاں، محمد غوث خاں، محمد طاہر خاں، میر موسیٰ

خاں رکن الدولہ، معین الدولہ، سہراب جنگ، ناصر قلی خاں، سدا سیو را مچندر سیف الدولہ، سردار جنگ، شیخ جنگ، وفادار خاں، دربار دولت مدار میں حاضری دینے والوں کے نام حسب ذیل ہیں۔ حکیم احمد اللہ خان، امین الملک امجد الملک، انور الدولہ، ارسلان جنگ، اشجاع الملک، اعظم الملک، اعظم الامراء، منشی عزیز اللہ، بہرام الدولہ، درگاہ قلی خاں، داور جنگ، فریدون جاہ، گھانسی میاں، غلام سید خاں (ارسطو جاہ) اعتصام الملک اکرام جنگ انتظام جنگ، جسارت الدولہ، مہ لقا بائی چندا، محمد حسین خاں گھٹالہ، مولوی محمد اکرام، میر احسن خاں، میر موسیٰ خاں رکن الدولہ، مولوی عزیز اللہ سرفراز الدولہ، منیر الملک، نور محمد خاں، قطب الدین خاں، قطب الدولہ، راجہ پاروٗ راجہ بھوانی داس دھرم ونت، راجہ چندولال، راجہ شمشیر ونت، راجہ نیم ونت، راجہ روشن ونت سدا سیو رآ وشہ سوار جنگ،

طاہر علی خاں، طالب جنگ، تجلی علی شاہ، ظفریار جنگ، کرک پڑک، رکھوناتھ رام، ماؤنٹ ریمنڈ، مسٹر اسٹوارٹ

اس کے علاوہ ان اخبارات سے ہمیں زمینداروں کی بغاوت، ان کی سرزنش، لگان اور چوتھ کی وصولی وغیرہ جیسی اہم باتوں کا پتہ چلتا ہے۔ یہ بھی معلوم ہوتا ہے کہ شاہی دربار میں ارباب طرب کی بھی رسائی تھی جسمیں ہمیں مہ لقا بائی چندہ کا نام ملتا ہے جس کی پرورش رکن الدولہ ڈیوڑھی میں ہوئی اور بعد میں اس کا تعلق مہاراجہ چندولال اور ارسطو جاہ کے دربار سے بھی ہوا اس کے ساتھ ہی ساتھ ان اخبارات میں جو مختلف جگہوں کے ہیں ہمیں سیاسی اطلاعات ملتی ہیں جیسے میسور کی حکومت سے نظام کے تعلقات،۔ مرہٹوں سے

نظام کے تعلقات، نظام میسور اور مرہٹوں کے تعلقات، نظام اور فرانسیسیوں کے تعلقات اور بھی نہیں بلکہ عطائے جاگیرات، مناصب۔ خطابات و القاب وغیرہ کا بھی پتہ چلتا ہے اور ساتھ ہی ساتھ اجناس کی خریدی، گھوڑوں کی خریدی، سقطی، سہ بندی، محصول اور تعہد کے وصولی وغیرہ جیسی اہم باتوں کا بھی پتہ چلتا ہے۔ اخبارات کے ساتھ ہی ساتھ وقائع کے نام سے بھی کاغذ موجود ہیں جو مختلف جگہوں سے متعلق ہیں۔ ان کو پڑھنے سے معلوم ہوتا ہے کہ عہد میر نظام علی خاں میں خبر رسانی کا طریقہ بہت منظم تھا۔ یہ وقائع حسب ذیل انتظامی سطح سے آتے تھے۔

۱۔ وقائع صوبجات ۲۔ وقائع سرکارات (جو ضلع کے صدر مقام سے جاری کئے جاتے تھے (۔ ۳۔ وقائع پرگنہ۔ جو ضلع کے مختلف حصوں سے آتے تھے) ۴۔ وقائع قلعجات۔ ہمیں دارالانشاء میں جو وقائع ملتے ہیں وہ زیادہ تر حیدرآباد کے چھ صوبوں پر مشتمل ہیں۔ یہ بہت اہمیت کے حامل ہیں۔ ہمیں ایسے معلومات فراہم کرتے ہیں جو کسی اور ذریعہ سے ممکن نہیں ہوسکتے جن مقامات کے وقائع دارالانشاء میں دستیاب ہیں وہ حسب ذیل ہیں۔ وقائع اورنگ آباد، وقائع برار، وقائع بیدر، وقائع کاریمونگی، وقائع بیتال باڑی، وقائع بھالکی، وقائع چنچولی (ملکھیڑ) وقائع چتور، وقائع صوبہ پرگنہ الوار، وقائع ڈولگل پرگنہ، وقائع شہر حیدرآباد، وقائع بھونگیر، وقائع نلگنڈہ، وقائع دیورکنڈہ، وقائع ویلور وقائع ڈولگری وقائع تری کنڈۂ پالگل سرکار) ۔چند اہم اخبار نویس عہد میر نظام علی خاں کے نام جو ہمیں ان وقائع اور اخبارات میں ملتے ہیں وہ حسب ذیل ہیں۔

اخبار نویس اورنگ آباد غلام محمد خاں، وقائع نگار کاریمونگی و بیدر،

عقیدت جنگ، وقائع بھالکی کسیر گنگا، وقائع نگار چنولی، برکت اللہ، وقائع نگار چھتا پور محمد اسد علی، حسین علی خاں، محمد احسان خاں محمد شیر خاں اور خواجہ بہاء الدین خاں، محمد نگر کے وقائع نگار تھے۔ وقائع نگار بھونگیر خواجہ محمد دائم خاں اور قادر علی خاں۔ وقائع نگار نلگنڈہ، ایورکنڈہ اور ویلور قربان علی۔ وقائع نگار اودگیر، مراد علی خاں وقائع نگار ترکنڈہ میر نجم خاں تھے۔

بہر حال ان اخبارات کے ذخیرہ میں معلومات کا بیش بہار خزانہ موجود ہے جو کسی اور ذریعہ سے حیدرآباد کی تاریخ پر تحقیق کرنے والوں کو نہیں مل سکتا اور اس کی اہمیت اس وجہ سے بھی ہے کہ یہ ایک سند کی حیثیت رکھتے ہیں اور اولین ماخذ ہیں۔

دارالانشاء ایک تعارف

دارالانشاء عربی اصطلاح ہے ۔ جس کے معنی ہیں ایسی جگہ جہاں پر خطوط لکھے اور رکھے جاتے ہیں ۔ انشاء کا ترجمہ م Epistolography یعنی خوش خطی کیا گیا ہے ۔ یہ ترجمہ بھی ناموزوں ہے اور عربی اصطلاح کے پوری طور پر ہم معنی نہیں ہے ۔ اس کا بہترین ترجمہ خطوط نویسی یعنی Scribe ہی ہوسکتا ہے ۔ ڈاکٹر مومن محی الدین نے دارالانشاء کے معنی Chancellory لیے ہیں، چانسلری اس دفتر کو کہتے ہیں جو کسی قونصل خانہ یا سفارت خانہ سے متعلق ہو لیکن دور آصفی میں یہ دفتر وہ تھا جو کسی صدر انتظامیہ کے تحت رہا

ادبی لحاظ سے دارالانشاء کا ترجمہ خطوط نویسی کا دفتر ہی موزوں ہوسکتا ہے اور انتظامی لحاظ سے یہ ایک پرائیویٹ سکریٹری کا دفتر ہوسکتا ہے ۔ سکریٹری یا میر منشی بہت ہی اعلیٰ درجے کا انشاء پرداز ہوتا تھا اور اس کے ساتھ ہی ساتھ خوش نویس بھی ہوتے تھے ۔

دارالانشاء ہند ایرانی تاریخ کے لحاظ سے ایک قدیم ادارہ ہے ۔ اس کی ابتداء کا پتہ ساسانی دور سے چلتا ہے ساسانی حکومت میں دبیر بید ، کا دفتر شہنشاہ کے تحت ہوتا تھا اور یہ دفتر سیاسی ، خارجی اور انتظامی امور کی دیکھ بھال کرتا تھا ۔ اور یہی دفتر عباسی دور میں دیوان تقاوی کہلایا ۔ برتھالڈ لکھتا ہے کہ ساسانی دور میں دیوان عماد الملک ، دیوان رسائل ، یا دیوان انشاء کی

طرح تھا اور یہ دفتر غزنوی دور میں دیوان رسالت ، کہلایا جس کا صدر دبیر خاص ، ہوا کرتا تھا ۔ سلجوقی دور میں یہ دیوان انشاء و الطغراء ، کہلایا اور خوارزمی دور میں اسے دیوان انشاء یا دیوان الرسائل کہا جانے لگا ۔ جس کا صدر منشی نظر ، کہلاتا تھا ، اور منگول و ایلخانی حکومت میں یہ انشاء دیوان ممالک یا انشاء دیوان بزرگ ، کہلایا جس کے صدر کو منشی الممالک کہا جاتا تھا تیموری ترکمانوں اور جلاریوں نے اسی روایت کو برقرار رکھا ۔

دارالانشاء کی بنا ہندوستان میں مملوکیوں سے پڑی اور اس کو خلجی اور تغلق حکومتوں نے جاری رکھا ۔ پندرھویں صدی کے آخری ربع میں اس دفتر کو محمود گاواں نے اپنے عروج پر پہنچادیا ۔ ان کی کتاب مناظر الانشاء میں دفتری اور شخصی اسناد کو لکھنے کا طریقہ بتایا گیا ہے اور ریاض الانشاء خود محمود گاواں کے لکھے ہوئے دفتری اور شخصی خطوط کا مجموعہ ہے اور انشاء پردازی کا بہترین نمونہ ہے ۔

صفوی دور میں متقدمین کی طرح دارالانشاء تھا اور اس کا صدر منشی الممالک ، کہلاتا تھا ۔ لیکن حقیقت میں وزرا ہی سیاسی اور خارجی امور کے خطوط لکھتے تھے ۔ اعتماد الدولہ حاتم بیگ نے شاہ عباس اول کے عہد میں اس کا اچھا نمونہ پیش کیا ہے او ربیجاپور اور گولکنڈہ کے حکومتوں نے بھی صفوی حکمرانوں کی تقلید کی ہے ۔ دارالانشاء کا صدر منشی الممالک ، دبیر الملک ، ہوتا تھا ۔ مغل حکومت میں بابر اور ہمایوں دارالانشاء کی دیکھ بھال اچھی طرح ہنیں کرسکے صرف اکبر کے عہد میں دارالانشاء ایک بڑے ادارہ کی طرح کام کرتا تھا جس کا صدر میر منشی ہوتا اور اس کی مدد کے لیے دوسرے منشی مقرر

ہوتے جن میں ابو الفضل کا نام سے نمایاں ہے ۔ ان کے لکھے ہوئے خطوط ایران میں بھی قدر کی نگاہ سے دیکھے گئے ۔

اورنگ زیب کے عہد میں دفتر دارالانشاء میں بہت اچھا کام ہوتا تھا اس عہد کے چند مشہور منشی ابو الفتح قابل خاں ، عنایت اللہ خاں ، اشرف خاں ، محمد صادق ، سید مل اور منشی محمد کاظم ہیں ۔

آصف جاہی دارالانشاء

آصف جاہ اول نے اٹھارویں صدی عیسوی میں اپنی ریاست میں دارالانشاء کا آغاز کیا ۔ اس دفتر کی دو شاخیں تھیں شاخ اولیٰ میں شہنشاہ دہلی سے خط وکتابت کی جاتی اور خارجی معاملات سے متعلق خطوط لکھے جاتے ۔ اور تحت کی شاخ انتظامی امور سے متعلق تھی ۔ شاخ اولیٰ سید موسوی خاں جرات کے زیر نگرانی تھی جو میر منشی تھے اور تحت کی شاخ رام سنگھ منشی کی تحویل میں تھی

نظام علی خاں کے عہد میں بھی اسی نہج پر کام ہوتا تھا نواب میر نظام علی خاں کے عہد کے دارالانشاء کے انتظامی امور پر بحث سے پہلے یہ مناسب ہوگا کہ میر منشی یا ناظم دارالانشاء کا ذکر کیا جائے جو اس دفتر کے صدر ہوتے تھے ۔

میر غلام حیدر علی خاں اعتصام الملک اعتصام الدولہ اس عہد میں میر منشی کے عہدے پر فائز تھے ۔ یہ میر محمد درویش کے خاندان سے تعلق رکھتے تھے جو آصف جاہ اول کے درباری تھے ۔ میر محمد درویش کا سلسلہ ونسب امام ہشتم حضرت امام موسیٰ رضا علیہ السلام سے ملتا ہے ۔ ان کا بچپن اورنگ آباد

میں گزرا ۔ وہ حیدرآباد پہنچے اور عبدالحی خاں صمصام الملک اور نواب شیر جنگ کے توسط سے میر نظام علی خاں کے دربار میں رسائی پائی ۔ نواب میر نظام علی خاں ان کی علمی اور ادبی قابلیت سے بہت متاثر ہوئے ۔ اور انہیں ناظم دارالانشاء کے عہدے پر مامور کیا ۔ اس موقعہ پر کسی نے قطعہ تاریخ لکھا

خدمت نظم دارالانشاء را
کرد تفویض ملک شاہ دکن
شد عطارد محاسب از سالش
منشی مستقل ملک دکن

ان کے ہم عصر دانشوروں میں شاہ تجلی علی، مکھن لال اور میر عالم نے ان کی انشاء پردازی اور مرصع و مسجع نگاری کو سراہا ہے ۔ نواب اعتصام الملک نہ صرف ایک نثر نگان تھے بلکہ ایک اچھے شاعر بھی تھے ۔ ان کی تین بیویاں تھیں جن سے انھیں چھ لڑکے اور تین لڑکیاں تھیں

دارالانشاء کے تمام اسنادات اسٹیٹ آرکیوز میں محفوظ ہیں ۔ ہر ایک سند کو طبلق میں رکھا گیا ہے اور چند اسنادات جو دفتر دارالانشاء کے نام سے علیحدہ الماری میں ہیں انھیں فائیل میں الگ الگ فہرستوں کے ساتھ رکھا گیا ہے اور یہ بستوں میں محفوظ ہیں ۔ دارالانشاء جو وراثتاً اعتصام الملک کے خاندان کے تفویض تھا ۔ وہ دفتر دیوانی و مال سے اسٹیٹ آرکیوز کو ۱۳۳۹ف م ۱۹۳۰ء میں منتقل ہوا ۔ اسنادات کا تبادلہ ۱۶ اسفندیار ۱۳۳۹ف کے فرمان نمبر ۳۳۹ کے تحت عمل میں آیا ۔

دارالانشاء کے پورے ریکاڈ کو تین بڑے حصوں میں تقسیم کیا جاسکتا

ہے۔

۱۔ موصولہ(Incoming Mail)

۲۔ بین دفتری اسنادات(Inter Official papers)

۳۔ مجاریہ(Out Going Mail)

۱۔ موصولہ =

اس حصے میں ہمیں حسب ذیل اقسام کے اسنادات ملیں گے۔

۱۔ فرامین

۲۔ اخبار، وقائع، حقیقت

۳۔ تہہ نامے، اقرار نامے

۴۔ اشتہار نامے

۵۔ خرائط، سوال، عرضی وغیرہ

۶۔ قبولیت

۷۔ تعہد

۸۔ معافی نامے

۹۔ مچلکے، اقرار نامے

۲۔ بین دفتری کاغذات

اس میں حسب ذیل اسنادات شامل ہیں۔

۱۔ واجب العرض ۲۔ یادداشت ۳۔ جنتری ۴۔ جمع، واصل باقی ۵۔ گوشوارہ، فہرست، قبض الوصول۔ ۶ تجویز القاب، القاب نامے

۳ مجاریہ =

۱ - عرض داشت دہلی ۲ - عنایت مانے ۳ - خرائط ۴ - سند - پروانہ ۵ تاکید ۶ - احکام - ۷ - قول نامے ۸ - پروانگی ۹ - دستور عمل ۱۰ - نرخ نامہ ۱۱ دستک دستک راہداری ۱۲ - چٹھی - مطلوبہ وغیرہ -

نواب میر نظام علی خاں کے عہد کا دارالانشاء آصف جاہ اول ہی کے نقش قدم پر تھا - دارالانشاء کی اہمیت اور عمل میں اس دور میں کوئی فرق نہیں آیا - یہ خدمت موروثی ہوتی تھی - صدر دفتر یا میر منشی کو تمام ایسے کاغذات کا مطالعہ کرنا پڑتا تھا جو حکومت کی خارجی پالیسی سے متعلق ہوتے اور انتظامی امور سے متعلق کاغذات ان کے مددگار منشی دیکھتے تھے - مددگار منشیوں کے جو نام ہمیں ملتے ہیں وہ یہ ہیں - منشی عزیز اللہ - منشی گردھاری لال ، منشی اورنگ لال - ممکن ہے اور چند منشی بھی ہوں جن کے ہمیں نہیں ملتے -

میر منشی اور مددگار منشیوں کی مدد کے لیے محرر اور متصدی مقرر ہوتے تھے - ان کے علاوہ خوشنویس ہوتے تھے جو نستعلیق ، نسخ اور شکستہ میں مہارت رکھتے تھے - ہرکاروں کی ایک بڑی تعداد بھی مامور تھی جو خطوط رسانی کا کام انجام دیتے اور یہ داروغہ ہرکارہ کے تحت ہوگے ، شاہان دہلی کے پاس سے جو ہرکارے ڈاک لاتے انہیں ہرکارہ بادشاہی کہا جاتا تھا - انھیں دربار میں حاضری کا شرف حاصل ہوتا - وہ تحفے تحائف اور القابات سے نوازے جاتے ان کے علاوہ قلم دان بردار ، مہر بردار بھی مقرر تھے - آصفجاہی دربار کی یہ خاص خصوصیت ہے کہ خاتوں خادمائیں زبانی احکام افسروں تک لے جاتی تھیں جو ان کو سپرد قلم کرتے ، انہیں ماما کہا جاتا تھا - مامائیں بہت ہی

اہم سرکاری کام رات دن انجام دیتیں ۔ معلوم ہوتا ہے کہ انہیں اس کام کے لیے خصوصی تربیت دی جاتی تھی ۔ ان کی دربار میں ایک خاص حیثیت تھی یہاں کہ امرا بھی ان کا ادب کرتے تھے اور ان پر اعتماد کیا جاتا تھا ۔ انہیں القاب سے نوازا جاتا ۔ ہمیں دارالانشاء کے اسنادات میں جن ماماؤں کا ذکر ملتا ہے ان کے نام یہ ہیں = مامارضا، ماما خیرن ، ماما فاضلہ ، ماما رابعہ ، ماما کمال ، ماما عاشوری ، ماما چمپا ، ماما عصمت وغیرہ ہیں ۔ تاہم خطوط جو باہر سے آتے یا بھیجے جاتے یہ مامائیں لے جاتی تھیں یہ امراء کی طرح محلوں میں رہتیں جن کو ڈیوڑھی کہا جاتا ان کے ساتھ ان سے کم حیثیت کی خادمائیں ہوتیں جنہیں اصیل کہا جاتا تھا اور یہ اکثر محلات کے پردہ پر رہتیں ۔ دفتر دارالانشاء میں ایک کثیر تعدادا میں چوکیدار بھی مقرر تھے ۔

دفتر دارالانشاء میں جو خطوط آتے انہیں ان کی نوعیت کے لحاظ سے انہیں مختلف حصوں میں تقسیم کیا جاتا ہے اور یہ Processing کا طریقہ سب اسنادات کے لیے عام تھا ۔ جو خط دارالانشاء میں وصول ہوتے انہیں حاصل کرنے کا طریقہ الگ الگ تھا ۔ اہم خطوط حضور نظام کی خدمت میں پیش کیے جاتے اور عام خطوط پر منشی یا مددگار کے پاس بھیجے جاتے ۔ بعض رسائل کی رسید بھی دارالانشاء سے اجرا کی گئی ہے جن کی لقولات محفوظ ہیں ۔

ان وصول شدہ خطوط پر دو طرح سے عمل کیا جاتا ۔ عام طور پر نظام یا مدار المہام کاغذ پر ہی اپنی تجویز فرمادیتے اور دوسری صورت یہ ہوتی کہ کاغذ پر کوئی تجویز نہیں کی جاتی بلکہ اس کو پڑھ کر متصدی یا میر منشی ایک واجب العرض تیار کرتے اور دربار میں عرض بیگی اس کو پڑھ کر سناتے اور بعد میں

اس پر تجویز فرمائی جاتی اور احکام جاری ہوتے یا عنایت نامہ، خریطہ، دستک چٹھی یا رسید، عرضی کے لحاظ جاری کی جاتی۔

منشی اور خوش نویسوں کو اسنادات کے تیار کنے کی خاص تربیت دی جاتی تھی۔ مسودہ پہلے تیار کیا جاتا جس کے اوپر بادشاہ یا کوئی اعلیٰ افسر،(ص) اور آخرت میں (بیض) کا نشان لگادیتے جس کا مطلب یہ ہوتا کہ مسودہ منظور ہوگیا ہے بعد ازاں اس کی صاف نویسی ہوتی اور ایک روایتی انداز و مہارت کے ساتھ اصل تیار ہوتا۔ اہم خطوط خوب صورت شفیعہ یا نستعلیق میں لکھے جاتے اور اسنادات جو عطیوں سے متعلق ہوتے جیسے سند، پروانہ، قول نامہ وغیرہ یہ سب نستعلیق ہی میں لکھے جاتے۔ کم اہمیت کے اسناد شکستہ میں لکھے جاتے صاف نویسی کے بعد کاغذات مہر بردار کے پاس جاتے جو لفافہ پر مہر ثبت کرتا جو مجاریہ خطوط ہوتے وہ ہرکاروں کے ذریعہ بھیجے جاتے جو کر بند لفافہ یا خریطہ میں بند ہوتے۔ (خریطہ ایک چھوٹی سی کپڑے کی تھیلی ہوتی جس پر ایک ڈوری باندھنے کے لیے لگی ہوتی۔ اس ڈروی کو لاکھ کے ذریعہ چپکادیا جاتا) خریطوں کا کپڑا مرسل الیہ کی حیثیت کے لحاظ سے ہوتا۔

دارالانشاء میں جو خطوط ہیں انہیں سہولت کی خاطر بہ لحاظ مضمون حسب ذیل زمروں میں تقسیم کیا جاسکتا ہے۔

۱۔ سیاسی اور خارجی امور سے متعلق۔ ۲۔ خانگی اور شخصی۔ ۳۔ انتظامی امور اور معاشی امور سے متعلق۔ ان اسنادات سے اٹھارویں صدی کے نصف آخر کے حالات واقعات کا پتہ چلتا ہے۔ ان کی درجہ بندی اس طرح کی جاسکتی ہے۔

(۱) سیاسی اور امور خارجہ سے متعلق۔

(الف) نظام اور برٹش ایسٹ انڈیا کمپنی کے تعلقات۔

(ب) نظام اور فرانسیسیوں کے تعلقات۔

(ج) نظام اور مرہٹوں کے تعلقات۔

(د) نظام کے آصف الدولہ سے تعلقات۔

(ح) نظام کے نوابان ارکاٹ اور میسور سے تعلقات۔

(۲) انتظامی=

(الف) عطائے جاگیر۔ منصب اور انعام اور اس کا انتظام۔

(ب) زمینداریوں کا انتظام اور دیکھ بھال۔

(ج) جانوروں کی نگہداشت۔ ہاتھی۔ گھوڑا۔ وغیرہ (کاہ ودانہ سقطی)

(د) کارخانوں کی نگہداشت۔

(ہ) پولیس کا انتظام اور پولیس چوکیوں کا تقرر (پولیس کی ایک چوکی سے دوسری چوکی تک خبر پہنچانے کے لیے جو آدمی مقرر ہوتے ہیں وہ بھیل قبیلے کے ہوتے)

(و) تقرر۔ رخصت۔ بحالی۔ برطرفی۔ منظوری وغیرہ۔

(ز) فوجی انتظام۔

(ح) کشتیوں کی مرمت۔

(۳) سماجی اور معاشرتی امور

(الف)۔ شادی بیاہ اور مختلف رسومات کے لیے پیشگی تنخواہ کی منظوری اور منظوری رخصت

(ب) مبارکبادیاں ۔

(ج) عطائے اعزازات و خلعت

(د) تبادلہ تحفہ جات ۔

(ہ) ۔ درگاہوں پر نذر چڑھانا اور برکات حاصل کرنا ۔

(و) تعزیت کے لیے جانا ۔

(ز) تیمارداری اور طبی امداد ۔

(ح) نظام علی خاں کیے محل کے حالات ۔

(۴) حسابات ۔

۱ ۔ تمسکات اور چٹھیوں کا اجرا ۔

۲ ۔ محاصل کی وصولی اور جمع بندی ۔

۳ ۔ سردیس مکھی، چوتھ، سہ بندی اور رسوم کا وصول کرنا ۔

۴ ۔ پیشکش وصول کرنا اور اس کے رسائد اجرا کرنا ۔

۵ ۔ تنخواہ کا مقرر کرنا

۶ ۔ جانوروں اور اناج کی خریداری

۷ ۔ عملہ فعلہ اور رسد بندی کے لیے رقم کی منظوری

۸ ۔ دست گردان (Hnad loan)

۹ ۔ محالات کے جمع و خرچ کا انتظام ۔ مدد معاش

۱۰ ۔ چوتھ، محصول اور پیشکش سے معافی

۱۱ ۔ مختلف افراد کی مالی امداد

غرض ان کاغذات کے مطالعے سے یہ معلوم ہوتا ہے کہ سلطنت کا

خزانہ خالی ہو رہا تھا۔ اور نظام کو مارواڑیوں سے قرض لینا پڑا تھا اور مارواڑی انہیں بیس فی صد سود سے بھی قرض دینے سے اس لیے انکار کرتے تھے کہ ابھی پچھلا قرض ہی بے باق نہیں ہوا تھا۔ اس بات کا پتہ ہمیں واجب الحرض کی تجویزات اور چٹھیوں سے چلتا ہے۔ اور یہی حال اس وقت سلطنت دہلی کا بھی تھا۔ اخبار دربار معلیٰ جو دارالانشاء میں موجود ہیں ان سے ہمیں پتہ چلتا ہے کہ بادشاہی دہلی بھی اپنی ڈیوڑھیاں اور زیور مارواڑیوں کے پاس رہن رکھ کر قرض حاصل کرتے تھے۔

اخبارات باغ فیض آثار اور دبار دولت مدار سے ہمیں یہ پتہ چلتا ہے کہ اس وقت دربار میں کون کون حاضری دیتے تھے۔ چند خاص امرا کے نام حسب ذیل ہیں=

درویش محمد، حیدر علی خاں، خدا قلی خاں، محمد غوث خاں، محمد طاہر خاں، میر موسیٰ خاں (رکن الدولہ) معین الدولہ، سہراب جنگ، ناصر قلی خاں، سداسیو، رام چندر، سیف الدولہ، سردار جنگ، تیغ جنگ، وفادار خاں اکبر جاہ، حکیم احمد اللہ خاں، امین الملک، امجد الملک، گھانسی میاں، منیرالملک، ارسلان جنگ، شجاع الملک، اعظم الامرا، منشی عزیز اللہ، بہرام الدولہ، داور جنگ، فریدون جاہ، فتح یاب خاں، اعتصام الملک، منیر الملک، ماہ لقا بائی چندا، مہپت رام، راجہ بھونی داس، راجہ دھرم ونت راجہ چندولال، راجہ مرلی داس، راجہ نیم ونت، راجہ شمشیر ونت، سداسیو ریڈی، سدی امام خاں، ملا بیر علی خاں، ولیم کرک پیٹرک، مسٹر ریمنڈ وغیرہ

اس فہرست کو دیکھنے سے یہ پتہ چلتا ہے کہ اس دور میں مذہبی

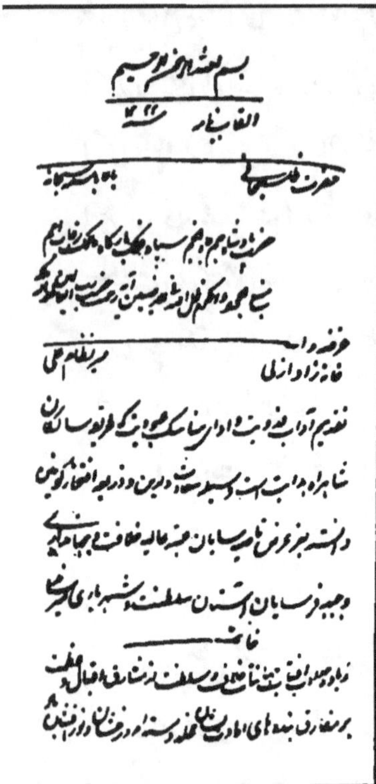

ALQAB NAMAH
NAWAB MIR NIZAM ALI KHAN
(1752 - 1803 AD)

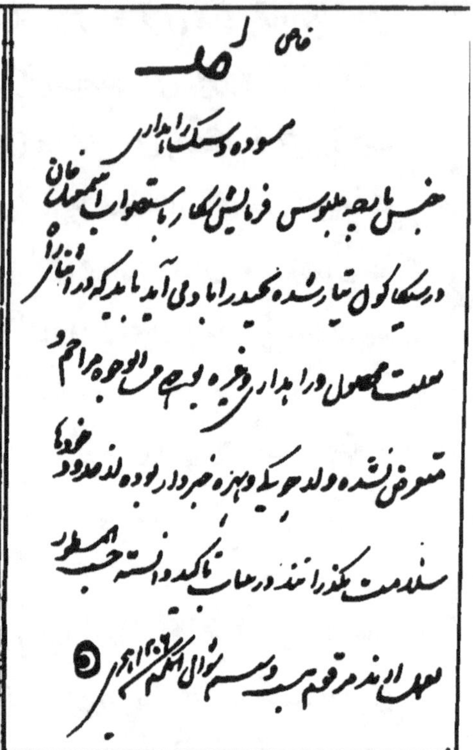

DASTAK-I-RAHDARI
NAWAB MIR NIZAM ALI KHAN
(1762 -1803 AD)

رواداری بہت تھی ۔ مسلمانوں کو جہاں اعلیٰ عہدوں پر فائز کیا گیا تھا وہیں ہندو امرا کو بھی جاگیریں عطا کی گئی تھیں ۔ اور ان کے سپرد حکومت کے اہم کام کئے گئے تھے ۔ خود نظام ان کے پاس ان کی خوشی ورنج کے موقعوں پر تشریف لے جاتے ۔

دارالانشاء کی اہمیت اس لیے بھی ہے کہ تاریخ کے اولین ماخذ کی حیثیت رکھتے ہیں اور ان سے ہمیں ایسے واقعات اور حالات کا پتہ چلتا ہے جو تاریخ کی کتابوں میں بھی ہنیں ملتے ۔

عنایت نامہ جات
نواب میر اکبر علی خاں سکندر جاہ بہادر آصف جاہ ثالث
مخزونہ اسٹیٹ آرکیوز ۔ حیدر آباد

عنایت نامہ و مراسلات یعنی خط ہوتے تھے جو کسی عرضی کے جواب میں امراء وزراء اور راجاؤں کو لکھے جاتے تھے ۔ ان عنایت نامہ جات کے اصل نمونے تو بہت کم موجود ہیں جو زرافشاں کاغذ پر لکھے جاتے تھے ۔ البتہ ان کے مسودے جو دفتر دارالانشاء میں تیار ہوتے تھے وہ آج بھی دفتر تحفظ اسناد حیدر آباد میں موجود ہیں ۔ جب کوئی عرضی نظام کو وصول ہوتی تو اس پر تجویز لکھی جاتی اور اس عرضی کو دربار میں پڑھنے کے لیے عرضی بیگی مقرر ہوتے جو یہ عرضی پڑھ کر سناتے اور اس طرح خود نظام کی طرف سے عرضی کا جواب دینے کی تجویز ہوتی جس میں حسب مراتب القاب استعمال کئے جاتے اور ان عنایت ناموں کی جو تحریر ہے اس سے یہ پتہ چلتا ہے کہ بادشاہ اپنی رعایا سے بہت محبت کرتا تھا جو الفاظ استعمال ہوتے تھے ہمیں ان سے محبت کے اظہار کا پتہ چلتا ہے اور ساتھ ہی ساتھ مذہبی رواداری بھی برتی جاتی تھی.جہاں مسلمانوں امرا و صلحاء کو بادشاہ نے عنایت نامے جاری کئے وہیں ہندو امراء کے نام بھی عنایت نامے جاری ہوتے تھے اور ان کے القاب وطرز تحریر میں کسی قسم کا فرق نہیں ملتا دونوں میں حفظ مراتب برابر ملحوظ رکھا گیا ہے.۔جہاں خوشی اور غم کے موقعوں پر مسلمان امراء نے نذر اور تحفے

تحائف پیش کئے ہیں ، مبارکباد دی ہے وہیں ہندو امراء نے بھی انھیں تحفے اور نذریں پیش کی ہیں دکن حکمرانوں کی روایاتی رواداری ظاہر ہوتی ہے -

مسودے پہلے تیار کئے جاتے اور ان مسودوں کو بادشاہ کے حضور میں ملاحظے کے لیے پیش کیا جاتا اور ہر مسودے کے آغاز پر صاد (ص) کا نشان اور آخر میں بیض ملتا ہے جو اس مسودے کی منظوری کا پتہ دیتا ہے - اس کے علاوہ کہیں کہیں پر خود نواب نے اس پر اپنے قلم سے ردو بدل بھی کیا ہے - ہر عنایت نامہ تقریباً ایک ہی طرح شروع ہوتا تھا۔ عرضی مرسل متضمن از نظر گزشت۔ اور اس کے بعد نفس مضمون لکھا جاتا اور آخر میں اپنی نیک تمناؤں اور دعاؤں پر اس عنایت نامہ کو ختم کرتے جیسے "اللہ تعالیٰ ساز وار گردانند توجہات مبذول شناسد۔ ہموارہ توجہات مبذول داشتہ نویساں حقائق حالات باشند ۔۔ ذریعہ مسرت کناد ۔۔ زیادہ چہ نوشتہ شود" وغیرہ -

اور ان عنایت ناموں کو لفافے میں رکھا جاتا جس پر نام اور تاریخ درج ہوتی اس کے ساتھ ہی ساتھ القاب بھی درج ہوتے اور ان عنایت ناموں کو ایک تھیلی میں رکھا جاتا جس کو خریطہ کہا جاتا ہے جس کو عنایت نامہ ارسال ہو رہا ہے اس کی حیثیت کے مطابق خریطے کا کپڑا ہوتا - دارالانشاء میں جس قسم کے کپڑے کا ذکر آتا ہے وہ دلچسپی سے خالی نہیں اس میں سے بعض کپڑے تو آج ہمیں دکھائی بھی نہیں دیتے جیسے خریطہ زربفت ، خریطہ کمخواب ، خریطہ ارقناوض ، خریطہ چشم بلبل ، خریطہ اطلس ، خریطہ چھینٹ وغیرہ -

یہ عنایت نامے اکثر عید الفطر ، عید الضحیٰ ، عید نوروز ، دسہرہ جلوس

میمنت اور مختلف تقریبات کے موقعہ پر اجرا کئے گئے ہیں - ان میں سے چند کے نمونے قارئین کی دلچسپی کے لیے یہاں دئے جاتے ہیں -

ایک بار عیدالضحیٰ کے موقعے پر سرور الملک سرفراز الدولہ ، معظم الدولہ .جہانگیر یار جنگ ، عقیدت جنگ عزت جنگ اور راجہ راچندر کی نذر و مبارکباد کے جواب میں یہ علامت نامہ جاری ہوا تھا

کما فضیلت

سرور الملک ایک اشرفی سرفراز الدولہ بہادر

و پنج روپیہ نذر پنج اشرفی نذر

معظم الدولہ بہادر جہانگیر یار جنگ بہادر

پانزدہ روپیہ نذر ایک اشرفی و پنج روپیہ نذر

عقیدت جنگ بہادر چہار روپیہ نذر

راجہ راچندر بہادر پنج روپیہ نذر

(دارالانشاء ۲ صفر ۱۲۱۹)

جب نواب کے پاس کوئی تقریب ہوتی تو اس موقعہ پر بھی امرائے عظام نذر و مبارکباد پیش کیا کرتے جیسا کہ اس علامت نامے سے ظاہر ہوتا ہے

بنام راجہ پدم سنگھ بہادر

عرضی مرسل از نظر گزشت مبلغ اشرفی و پنج روپیہ نذر رسم تسمیہ خوانی و ختنہ شرف یار خاں کہ بصدق اردات و اعتقاد ابلاغ داشتہ بودند بمزید علامت پذیر اللہ تعالیٰ مبارک و ساز وار توجہات مبذول داشتہ نویساں حالات باشند

(بتاریخ ۲ صفر ۱۳۱۹ھ)

بعض وقت میوہ کا تحفہ وصول ہونے کی رسید اس طرح دی گئی ہے۔

بنام شاہ غلام حسین

خط مرسل معہ یک بہنگی انگور موصول شد و کیفیت استدامت وظائف ازدیار عمر و اقبال اور فتح و فیروزی ما بدولت مفصل و نیز گردیدہ مرسلہ بمصرف رسد ہموارہ مصرف مجیب پسند داشتہ در اوقات خاص بدعائے مرجو الاجابت یاد آر باشند زیادہ عافیت باد۔ (دارالانشاء۔ ۱۰ صفر ۱۲۱۹ھ)

شادی کے موقعہ پر نذر دی گئی تھی جس کی رسید کے طور پر عنایت نامہ جاری ہوا۔

بنام وینک راؤ دیس مکھ

پرگنہ ابراہیم پٹن۔ عرضی مرسل از نظر گزشت و مبلغ ایک اشرفی و پنج روپیہ نذر شادی۔ بصدق ارادت و خلوص عقیدت و ابلاغ داشتہ بودند شغف موفور پذیرا شد، اللہ تعالیٰ ساز دار گرداند تو جہات مبذول شناسند۔

دارالانشاء۔ ۲ صفر ۱۳۱۹ھ)

جلوس کے موقعے پر راجہ اشوا راؤ بہادر نے جو مبارکباد پیش کی تھی۔ اس کے جواب میں عنایت نامہ جاری ہوا۔

بنام راجہ اشوا راؤ بہادر

عرضی مرسل متضمن تقدیم آداب مبارکباد جشن جلوس میمنت مانوس از نظر گذشت و مبلغ ایک اشرفی و پنج روپیہ نذر کہ بوثوق عقیدت و رسوخ ارادت ابلاغ داشتہ بودند بمزید عنایت پذیرا شد اللہ تعالیٰ ظہور این جلوس فرخندہ بما بدولت مبارک فرمود بجمیع بندہا ذریعہ مسرت کناد۔

(دارالانشاء - ۲ صفر ۱۲۱۹ء)

دوسرا عنایت نامہ بھی اس ضمن میں جاری ہوا تھا۔ ملاحظہ ہو۔

راجہ واسر ریڈی ونکٹاوری نایر بہادر عرضی مرسل متضمن تقدیم آداب ہتنیت جلوس میمنت مانوس از لنظر گذشت و مبلغ پنج اشرفی ویازدہ ہون ویازدہ روپے نذر کہ بصدق ارادت وخلوص ابلاغ داشتہ بودند بمزید عنایات پذیرا شد اللہ تعالیٰ میامی این جلوس فرخندہ بما بدولت مبارک وہمایوں فرمودہ بجمیع بندہائی عقیدت کیش ذریعہ مسرت کناد وتوجہات مبذول داشتہ نویسان حقائق حالات باشند۔

(دارالانشاء - ۸ رجب ۱۲۱۹ھ)

دسہرہ کے تہوار کے موقعے پر راجہ شامراج بہادر کی نذر و عرضی کے جواب میں اس طرح عنایت نامہ جاری ہوا۔

بنام راجہ شام راج بہادر عرضی مرسل متضمن تقدیم آداب ہتنیت روزہ دسہرہ از لنظر گزشت و مبلغ دو اشرفی کہ کہ بصدق ارادت و وثوق عقیدت بموجب فرد علحدہ داشتہ بودند بعنایات موفور پذیرا اللہ تعالیٰ مبارک وسازوار ساز ہموارہ ما بدولت را متوجہ و معتقد احوال خیر مالی داشتہ نویسان حالات باشند۔

(دارالانشاء - ۸ رجب ۱۲۱۹ھ)

ممتاز الامرا کے نام لڑکے کی پیدائش کے موقعہ پر ایک عنایت نامہ اس طرح اجرا ہوا۔

بنام ممتاز الامرا

خط مرسل متضمن مبارکباد تولد ہنال حدیقہ دولت و کامگاری بایک اشرفی و پنج روپیہ نذر موصول شد - اللہ تعالیٰ مولود مسعود ما بدولت مبارک و مسعود فرمودباں عزیز القدر بجمیع ہوا خواہاں نیکو اعتقاد ذریعہ سرور موفورکناد زیادہ چہ نوشتہ مشود۔

(دارالانشاء بتاریخ ۱۵ شعبان ۱۲۱۹ھ)

مندرجہ ذیل عنایت نامہ سے یہ پتہ چلتا ہے کہ فتح و فیروزی کے مواقع پر امراء، نواب کو اسلحہ کے ساتھ جنگی جانور بھی نذر کرتے تھے۔

محمد سبحان خاں بہادر

عرضی مرسل متضمن کیفیت ملحق شدن در فوج فیروزی بعد جمیعت از نظر گذشت وایک زنجیر فیل دو پلنگ قید گیر ویک ضرب بندوق دو ضربی ودو پشتول بصدق اعتقاد و خلوص ارادت، ہمراہ سید منتقیم ابلاغ داشتہ بودند ہریک بملاحظہ در آمدہ بمزید عنایات پذیرا گر دید - مسرور شدیم توجہات مبذول حال داشتہ شب وروز سرگرم امورات سرکار باشند۔

(دارالانشاء بتاریخ ۲ رجب ۱۲۱۹ھ)

غفران ماب کے سانحہ ارتحال پر تعزیت اور سکندر جاہ کے جلوس میمنت پر جو مبارکباد مقرب خاں نے پیش کی تھی - اس کے جواب میں یہ عنایت نامہ جاری ہوا۔

بنام مقرب خاں

عرضی مرسل متضمن روداد پر آشوب ملال سانحہ نواب غفران ماب با مراتب تقدیم آداب تہنیت جلوس میمنت مانوس مابدولت از نظر گذشت

و مبلغ یک اشرفی وپنج روپیہ بصدق ارادت و اعتقاد ابلاغ داشتہ بودند بمزید عنایت پذیرا گردید اللہ تعالیٰ میامی ظہور این جلوس فرخندہ بمابدولت مبارک فرمود باید ۔بندہائی صادق الاعتقاد ذریعہ مسرت وشادمانی کناد ۔

(دارالانشاء ۔ ۲۵جمادی الثانی ۱۲۱۸ھ)

راجہ سنبھاجی کی شادی کے موقعے پر راجہ پرنالہ والہ کے نام پر اس طرح عنایت نامہ جاری ہوا ۔

بنام راجہ پرحالہ والہ

خط مسرت ۔بخط متضمن حسن آغاز شادی کتخدائی راجہ سنبھاد این کہ اختتام این امر پر مسرت یازدہم ذی الحجہ مقرر است وصول نمود و دریافت ایں ہتیت سرور خاطر افزود اللہ تعالیٰ مبارک و سازوار گرداند ۔

(دارالانشاء ۔ بتاریخ ۲ربیع الاول ۱۲۲۰ھ)

بعض تقررات کے مواقع پر بھی جو نذر پیش کی جاتی تھی اس کے جواب میں صاحب عرضی کی توصیف وتعریف اوراس کے لیے نیک تمناوں کا اظہار کرتے ہوئے اس طرح عنایت نامہ جاری ہوتا تھا ۔

بنام صفدر الملک بہادر

عرضی مرسل متضمن مراسم شکر وسپاس سرفرازی یافتن برخوردار رفیع الدولہ بہادر از پیش گاہ حضور بہ نیابت نظامت بلدہ فرخندہ بنیاد حیدرآباد و این کہ برخوردار موصوف ہموارہ مشمول نوازش باشند از نظر گذشت ونذریکہ بصدق طوبت ورسوخ طینت ابلاغ داشتہ بودند بشغف موفور پذیرا شد و بدریافت خیریت حالات مسرور شدم فضل الہی برخوردار مذکور

بجمیع وجوہ معروف استرضائی حضور و مورد عنایات ما بدولت اند خاطر جمع داشتہ ہموارہ تو جہات و تفقدات مبذول حال خیر مال اندر ونویساں حقائق حالات باشند

(دارالانشاء، بتاریخ ۱۸ شوال ۱۲۱۹ھ)

غرض کہ یہ عنایت نامے عہد سکندر جاہ کی تاریخ کے اچھے ماخذ ہیں اور ان کی اہمیت ادبی ہونے کے علاوہ تاریخی بھی ہے ان سے ہمیں اس دور کے آداب دربار اور اس دور کے عہدوں، تہواروں اور مختلف فتوحات کا پتہ چلتا ہے۔

سلطان العلوم کے فرامین کی روشنی میں تعلیمی امور

ہوائیں خوشگوار اب علم کی چلنے لگیں ہر سو
دل بیمار کے حق میں ہوئی گویا مسیحائی

زبان حال سے ہے جامعہ عثمانیہ گویا
عروس علم کی دیکھے کوئی تزئین و زیبائی

جو سلطان العلوم اس نے لقب پایا زمانے میں
خوشی بے حد ہوئی میری زباں پر یہ دعا آئی

الہی خوسرو خاور کا جب تک دور دورہ ہو
رہے قائم یہ مرکز علم کا اور شہ کی دارائی

(نواب قدرت نواز جنگ بہادر قدرت)

عہد نواب میر عثمان علی خاں کا عہد سلاطین آصفجاہی کا ایک درخشندہ دور رہا ہے ۔ اس عہد کا سب سے بڑا کارنامہ علم و ادب کا رواج اور جامعہ عثمانیہ و دارالترجمہ کا قیام ہے صرف یہی دو چیزیں ایسی ہیں جو ان کے نام کو زندہ رکھنے کے لیے باقی ہیں ۔ اگرچہ اب اس جامعہ کا مزاج بدل گیا ہے لیکن پھر بھی یہ اس علم و فن کی درسگاہ ہے

اس کے علاوہ ان کی مذہبی اور خود ان کی شاعری رعایا پروری اور داد و دہش کا شہرہ اس زمانہ میں عام تھا ۔ نہ صرف حیدرآباد بلکہ ہندوستان کے دوسرے شہروں کے مشاہیر و علماء تعلیمی مذہبی اداروں کو رقمی امداد دی جاتی تھی

اس کے چھینٹوں سے سواد قدس گر سیراب ہو
خاک ذابل پر بھی اس کا فیض منڈ لایا کرے

گر علیگڈھ اس کی فیاضی سے مالا مال ہو
سر سے لیکر پاؤں تک کاشی کو بھی مایا کرے

شانتی نکیتن پہ برسے ہو کے یثرب کی گھٹا
اور مہابھارت پہ موتی اپنے رلوایا کرے

مولانا ظفر علی خاں

آپ نے جامعہ نظامیہ اور دیگر مذہبی مدارس کے اخراجات تعلیم کی عام مسئلہ پر غور کرنے کے لئے کچھ اراکین کی ایک کمیٹی تشکیل دی تھی اس کے متعلق فرمان ملاحظہ ہو ۔

فرمان

بملاحظہ عرضداشت صیغہ فینانس معروضہ ۹ جمادی الثانی ۱۳۴۳ھ جو مدرسہ نظامیہ اور دیگر مذہبی مدارس کے اخراجات تعلیم کے عام مسئلہ پر غور کرنیکی نسبت ہے ۔

حکم = اس عام مسئلہ پر غور کرنے کے حسب ذیل اراکین کی ایک کمیٹی منعقد کی جائے

۱۔ صدر الصدور ۔۔ صدر نشین

۲۔ ناظم امور مذہبی ۔ رکن

۳۔ نائب ناظم تعلیمات ۔ رکن

۴۔ پرنسپل جامعہ عثمانیہ ۔ رکن

۵۔ مولوی عبد القدیر ۔ رکن

۶۔ خورشید علی ۔ رکن

اور اس مدرسہ میں مدرسہ نظامیہ کے اخراجات کے متعلق بھی غور کیا جائے اور کمیٹی کی رپورٹ جس قدر جلد ہوسکے باب حکومت کی رائے کے ساتھ میرے ملاحظہ میں گزرانی جائے ۔ تا تصفیہ نظامیہ کو علی الحساب رقم جو سالانہ دی جاتی ہے ۔ وہ حسب حال ادا ہوتی رہے تاکہ مدرسہ کے کام میں کوئی رکاوٹ نہ ہو ۔

۱۴جمادی الثانی ۱۳۴۵ھ ۔۔۔ شرح دستخط مبارک

دوشنبہ ۔ شرح دستخط امین جنگ

کنگ کوٹھی

رجسٹر فرامین مبارک بابت ۱۳۴۵ھ پیشی عالی جناب صدر المہام بہادر مخزونہ اسٹیٹ آرکیوز حیدرآباد

مدرسہ نظامیہ کے مختلف امور سے متعلق سلطان العلوم بذریعہ فرمان مالی امداد دی کبھی طالب علموں کو وظیفہ تعلیمی کبھی اساتذہ کی تنخواہ میں

اضافہ کبھی یہاں کے مدرسین کی بیواؤں کے لیے مالی مدد وغیرہ جو بملاحظہ ناظرین پیش کیے جارہے ہیں۔

فرمان

مدرسہ نظامیہ کے سابق مدرس سید احمد مرحوم کی بیوہ رابعہ بی کے نام پندرہ روپیہ ماہوار تا حیات جاری کی جائے۔

، شعبان المعظم ۱۳۴۵ھ پنجشنبہ شرح دستخط امین جنگ

فرمان

مدرسہ نظامیہ کے طالب علم حافظ حبیب علی بن عبداللہ کے نام مدرسہ نظامیہ کے مقررہ وظائف تعلیمی کی گنجائش سے سات روپیہ ماہانہ کا ایک وظیفہ تعلیمی ایک سال کے لیے اجرا کیا جائے

۲۴ شعبان المعظم ۱۳۴۵ھ یکشنبہ کنگ کوٹھی۔

فرمان

مدرسہ نظامیہ کے مدرس سید محمد مخدوم (الحسینی کے نام)

غرہ رجب سنہ جاریہ سے پچاس روپیہ ماہوار تا حیات جاری کیجائے۔

شرح دستخط مبارک

۴ رجب المرجب ۱۳۴۵ھ یکشنبہ۔

شرح دستخط امین جنگ کنگ کوٹھی

بیرون ملک تعلیم حاصل کرنے والوں کو بھی تعلیمی قرضہ دیا جاتا تھا جو بعض صورتوں میں بعد میں طلب کیا جاتا اکثر صورتوں میں یہ قرضہ مشروط ہوتا کہ جوں ہی وہ واپس ہندوستان آئیں اور ملازمت میں داخل ہوں یہ رقم

ادا کردیں بعض صورتوں میں یہ قرضہ معاف کردیا جاتا یا بعض وقت اس کی رقم میں کمی کردی جاتی ۔

فرمان

عرضداشت محکمہ فینانس مورخہ ۱۶ رجب المرجب ۱۳۴۵ھ جو پروفیسر قادر حسین خاں کو تکمیل یورپ کی غرض سے مزید قرضہ (اللما) پونڈ دینے کی نسبت ہے ۔

حکم = قادر حسین خاں کو چار سو پونڈ کا مزید قرضہ اس شرط سے دیا جائے کہ وہ جون ۱۹۲۷ء تک واپس آکر کالج میں اپنی خدمت کا جائزہ حاصل کرلیں

۲۲ رجب المرجب ۱۳۴۵ھ پنجشنبہ ۔ شرح دستخط مبارک
کنگ کوٹھی ۔ شرح دستخط امین جنگ

فرمان

بملاحظہ عرضداشت صیغہ فینانس معروضہ ۲۷ رمضان المبارک ۱۳۴۵ھ جو منصبدار احسان حسین کو بغرض تعلیم ان کی (   ) ماہوار کا معاوضہ دینے کی نسبت ہے ۔

حکم = احسان حسین کو ان کی ماہوار منصب کا معاوضہ دینے کی منظوری اس شرط پر دیجاتی ہے کہ رقم معاوضہ ان کی یکمشت ایصال نہ کی جائے بلکہ ان کی تعلیمی ضروریات کے لحاظ سے ماہ بماہ رقم ادا ہو ۔ شرح دستخط مبارک

۲۹ رمضان المبارک ۱۳۲۵ھ یکشنبہ شرح دستخط امین جنگ کنگ کوٹھی

حسب ذیل فرمان پروفیسر نظام الدین سابق صدر شعبہ فارسی کے فرنگی تعلیم کے قرضہ کی معافی کی نسبت ہے ملاحظہ ہو۔

فرمان

بملاحظہ عرضداشت فینانس معروضہ مورخہ ۱۳ شوال المکرم ۱۳۴۵ھ جو پروفیسر ڈاکٹر نظام الدین کی فرنگی تعلیم کے قرضہ کی معافی کی نسبت ہے۔

حکم = بوجوہ معروضہ عرضداشت ڈاکٹر نظام الدین کا فرنگی تعلیم قرضہ تقریباً ایکسو بیس (   ) پونڈ معاف کیا جائے۔ شرح دستخط

۱۵ شوال المکرم ۱۳۴۵ھ دوشنبہ کنگ کوٹھی شرح دستخط امین جنگ

فرمان

عبدالکریم صاحب کو مصر میں تعلیم حاصل کرنے اور اصول قراءت سیکھنے کے لیے جو مشروط وظیفہ تعلیمی بطور قرضہ دیا گیا تھا اس کے لیے فرمان سلطانی ملاحظہ ہو۔

فرمان

بملاحظہ عرضداشت فرمان صیغہ تعلیمات مورخہ ۲۰ جمادی الاول ۱۳۴۵ھ جو کہ مصر کے جامعہ ازہر کے تعلیم یافتہ عبدالکریم حسینی کے وظیفہ تعلیمی اور قرضہ کی نسبت ہے۔

حکم =   = بوجوہ مصرحہ عرضداشت عبدالکریم حسینی وظیفہ ختم مدت سابقہ سے تاریخ واپسی حیدرآباد تک منظور کیا جائے اس شرط کے ساتھ کہ اس رقم سے ۲۷ پونڈ قرضہ جو ان کو دیا گیا تھا مجرا لیا جائیگا۔ لیکن قراءت کی تحصیل کی غرض سے جامع ازہر کو چالیس مصری پونڈ بابتہ فیس جو انہوں نے

بذات خود ادا کئے ہیں وہ ان کو واپس دیدیئے جائیں بشرطیکہ اس فیس کی تصدیق مصر کے ڈائرکٹر تعلیمات سے کرا کے وہ پیش کریں - ورنہ یہ رقم بھی وظیفہ منظورہ سے واپس لیجائیگی ۲۵ جمادی الاول ۱۳۴۵ ھ پنجشنبہ - شرح دستخط مبارک

کنگ کوٹھی شرح دستخط امین جنگ

اس کے ساتھ عبدالکریم حسینی کے تقرر کے بابت بھی فرمان اجرا فرمایا گیا جو حسب ذیل ہے -

فرمان

بملاحظہ عرضداشت صیغہ تعلیمات مورخہ ۱۶رجب ۱۳۴۵ھ جو مصر کے جامعہ ازہر کے تعلیم یافتہ قاری سید عبدالکریم حسینی کی درخواست خدمت کی نسبت ہے -

حکم = صیغہ تعلیمات میں مدارس کی تعلیم قراءت کی نگرانی کے لئے ماہ تا اللما ماہانہ کی ناظر القرات کی جائداد قائم کر کے اس پر قاری سید عبد الکریم حسینی کا تقرر کیا جائے -

۲۲/ رجب المرجب ۱۳۴۵ھ پنجشنبہ

کنگ کوٹھی

شرحدستخط مبارک

شرحدستخط امین جنگ

ایک فرمان سلطانی پروفیسر قاری کلیم اللہ حسینی سابق صدر شعبہ فارسی کے تقرر کی بابت ہے -

فرمان

بملاحظہ ! عرضداشت صیغہ عدالت معروضہ مورخہ ۲۲ جمادی الاول ۱۳۴۵ھ جو جامعہ عثمانیہ کے فارسی مددگار پروفیسر کی جائیداد حالیہ مواجبی (ماہ تا اللماء) کے انتظام کی نسبت ہے۔

حکم = جائداد مذکورہ پر امتحاناً دو سال کے لیے سید کلیم اللہ حسینی کا تقرر کیا جائے۔

شرح دستخط مبارک

شرح دستخط امین جنگ

۲۴ جمادی الثانی ۱۳۴۵ھ پنجشنبہ کنگ کوٹھی

مولانا محمد علی صاحب کے تقرر کی بابت ایک فرمان اس طرح ہے۔

فرمان

چادر گھاٹ ہائی اسکول کے مدرس محمد علی کی عرضی (معہ معروضہ سابق مفتی جیب الرحمن صاحب) ملفوف ہے۔ نقل واپس گزرانی جائے اور عندالتخلولی لے جائداد جامعہ عثمانیہ کے شعبہ دینیات میں کسی موزوں جائداد پر محمد علی کا تقرر کیا جائے۔

۱۰ رجب المرجب ۱۳۴۵ھ شنبہ = شرح دستخط مبارک

کنگ کوٹھی = شرح دستخط امین جنگ

مسٹر سباسٹین کے تقرر کی بابت ہے جن کی بیگم صاحبہ کئی مدرسوں کی صدر معلمہ رہ چکی ہیں اور محبوبیہ جونیر کالج سے وظیفہ حسن خدمت پر سبکدوش ہوئیں

فرمان

بملاحظہ عرضداشت صیغہ تعلیمات معروضہ مورخہ ۱۴ رجب المرجب ۱۳۴۵ھ جو میرے کمسن بچوں کی انگریزی تعلیم کے لیے سٹی کالج کے مدرس آر سباسٹین کو مقرر کرنے کی نسبت ہے۔

حکم = کار مذکور کے لیے آر سیباسٹین کو مقرر کیا جائے وہ آئندہ دوشنبہ سے آکر کام شروع کریں۔

۱۵ رجب المرجب ۱۳۴۵ھ پنجشنبہ

کنگ کوٹھی۔ شرح دستخط مبارک

مسٹر پکتھال جن کا ترجمہ قرآن بزبان انگریزی مشہور زمانہ ہے کہ توسیع ملازمت کے لیے فرمان ملاحظہ ہو

فرمان

بملاحظہ عرض داشت صیغہ تعلیمات معروضہ مورخہ ۲ شعبان ۱۳۴۵ھ جو چادر گھاٹ ہائی اسکول کے پرنسپل مسٹر پکتھال کی نسبت ہے۔

حکم = بالفعل مسٹر پکتھال کی مدت ملازمت میں دو سال کی توسیع کی جائے شرح دستخط مبارک ۲۴ شعبان ۱۳۴۵ھ یکشنبہ = شرح دستخط امین جنگ کنگ کوٹھی

مسٹر پکتھال کی ملازمت کو مستقل کرنے کے متعلق فرمان ملاحظہ ہو

فرمان

بملاحظہ عرضداشت فرمان صیغہ تعلیمات معروضہ مورخہ ۱۱ جمادی

الاول ۱۳۴۵ھ جو چادر گھاٹ ہائی اسکول کے پرنسپل مسٹر مارماڈیوک پکتھال کو مستقل کر دیا جائے۔

۲۵ جمادی الاول ۱۳۴۵ھ پنجشنبہ

کنگ کوٹھی

شرحدستخط مبارک

شرحدستخط امین جنگ

پروفیسر ہمنت راو کو ہاسٹل کی زائد ذمہ داری قبول کرنے کی وجہ سے زیادہ معاوضہ دئے جانے کے متعلق فرمان پیش ہے۔

فرمان

بملاحظہ عرضداشت صیغہ تعلیمات معروضہ ۷ جمادی الاول ۱۳۴۵ھ جو نظام کالج کے پروفیسر ہمنت راو کو دارالاقامہ کی منتظمی کے زائد کام کا معاوضہ دینے کی نسبت ہے

حکم = ہمنت راو کو مذکورہ زائد کام کی بابت تاریخ مسدودی سے پچاس روپیہ ماہانہ معاوضہ دیا جائے۔

۲۵ جمادی الاول ۱۳۴۵ھ پنجشنبہ

کنگ کوٹھی

شرحدستخط مبارک

شرحدستخط امین جنگ

اعظم جنگ بہادر جو بعد میں جامعہ عثمانیہ کے وائس چانسلر بھی رہ چکے ہیں انکے اضافہ گریڈ سے متعلق فرمان یوں ہے۔

فرمان

بملاحظہ عرضداشت صیغہ تعلیمات معروضہ ۲۱ رمضان المبارک ۱۳۴۵ھ جو سٹی کالج کے پرنسپل سید محمد اعظم کے اضافہ گریڈ کی نسبت ہے۔

حکم = دیگر عہدہ داران سررشتہ تعلیمات کے مماثل سید محمد اعظم کو بھی ۱۵۰ روپیہ ماہانہ کا اضافہ گریڈ یکم آذر ۱۳۲۲ف سے دیا جائے۔

۲۹ رمضان المبارک ۱۳۴۵ھ یکشنبہ

کنگ کوٹھی

شرحد ستخط مبارک

شرحد ستخط امین جنگ

فرامین سے یہ بھی معلوم ہوتا ہے کہ کسی کو زائد قابلیت کی بناء پر زائد گریڈ پر تقرر نہیں کیا جاتا تھا بلکہ حسب قاعدہ انکو ابتدائی گریڈ دیا جاتا تھا۔ پروفیسر خلیفہ عبدالحکیم کی بابتہ جو فرمان صادر ہوا ہے اس سے اس معاملہ پر روشنی پڑتی ہے۔

فرمان

بملاحظہ عرضداشت صیغہ تعلیمات معروضہ ۲۰ جمادی الاول ۱۳۴۵ھ جو جامعہ عثمانیہ کے پروفیسر خلیفہ عبدالحکیم کی درخواست کی نسبت ہے کہ انکو (   ) گریڈ میں   کا اسٹارٹ دیا جائے۔

حکم = پروفیسر ڈاکٹر خلیفہ عبدالحکیم کو (   ) ابتدائی گریڈ کی ترقی ملتی رہیگی

کنگ کوٹھی

شرحِ دستخط مبارک

شرح دستخط امین جنگ

جہاں پروفیسر خلیفہ عبدالحکیم صاحب کیلئے حکم ہے وہیں محبوبیہ گرلس اسکول کی ایک معلمہ مس کلارک کو انہتائی گریڈ کی تنخواہ ایصال کرنے کا حکم دیا گیا

فرمان

بملاحظہ عرضداشت صیغہ تعلیمات معرخہ ۲ جمادی الاول ۱۳۴۵ھ جو محبوبیہ گرلز اسکول کے یورپین معلمات کے اخراجات ریل و جہاز و مد متعلقہ میں گنجایش نہ ہونے سے دوسرے مدسے ادا کرنیکی لسبت ہے

حکم = اخراجات مذکور کی رقم مطلوبہ گنجائش لشاندادہ سے ادا کیجائے ۔

۶ جمادی الثانی ۱۳۴۵ھ یکشنبہ

کنگ کوٹھی

شرحِ دستخط مبارک

شرح دستخط امین جنگ

کبھی کسی اہل قلم کی امداد اسطرح کی گئی کہ اسکی کتابوں کے لسخہ خرید کر طالب علموں میں بطور العام تقسیم کیئے گئے ۔

فرمان

بملاحظہ ۔ عرضداشت صیغہ عدالت مورخہ ۷ جمادی الاول

۱۳۴۵ھ جو سید ندیم الحسن کی مولفہ کتاب (اردو کی قومیت) کی نسبت ہے۔
حکم = اس کتاب کے اور ان کے دیگر تصانیف کے چند نسخے طلباء کو انعام دینے کیلئے صیغہ تعلیمات میں فرید کرلئے جائیں تو کافی ہے۔
۲۵جمادی الاول ۱۳۴۵ھ پنجشنبہ
کنگ کوٹھی
شرحد سخط مبارک
شرحد سخط امین جنگ

صرف ایسے کلاس کو ہی سرکاری طرف سے امداد نہیں دی گئی جہاں لکھنے پڑھنے کا کام ہوتا تھا بلکہ میوزک وغیرہ فنون لطیفہ کیلئے بھی امداد دی گئی

فرمان

بملاحظہ عرضداشت صیغہ لجالس مورخہ ۲۷ ذالحجہ الحرام ۱۳۴۵ھ جو آل انڈیا میوزک کانفرنس کے پریسیڈنٹ کی درخواست کی نسبت ہے کہ میوزک کالج لکھنؤ کیلئے سرکار سے چندہ دیا جائے۔
حکم = مذکورہ کالج کے لیے ہماری طرف سے دس ہزار روپئے کلدار چندہ دیا جائے۔
شرح دستخط مبارک
۲۹ذالحجہ الحرام ۱۳۴۵ھ۔ شرح دستخط امین جنگ

عبدالحلیم شرر کے نام سرکار آصفیہ سے وظیفہ جاری تھا جو میرے ایک مضمون شائع شدہ سب رس میں چھپ چکا ہے۔ یہاں پر ایک فرمان عبدالحلیم شرر کی بیوہ کے نام ہے۔

فرمان

عبدالحلیم شرر کی بیوہ محفوظ النساء بیگم کے نام ایک سو پچاس
روپیہ کلدار ماہوار عایتی تا حیات بشرط پروش و تعلیم اولاد جاری کی جائے۔

شرح دستخط مبارک

۷ شعبان المعظم ۱۳۴۵ھ پنجشنبہ = شرح دستخط امین جنگ
کنگ کوٹھی

غرض کہ تعلیمی امور میں حکومت کی طرف سے ہر طرح کی اعانت کی جاتی تھی اور علماء و فضلاء کی قدر و منزلت ہوتی تھی۔ یہ تمام فرامین اسٹیٹ آرکیوز میں محفوظ ہیں جو چکٹ بکس کی صورت میں ہیں۔ اور ان کی نقل ایک رجسٹر میں محفوظ ہے جو باستہ ۱۳۴۵ فرامین مبارک کے نام سے ہے اس پر پیشی صدر اعظم بہادر لکھا ہے۔

عہد آصف سابع میں تعلیم نسواں

لڑکیوں کے قدیم مدارس اور کالجس

عہد نواب میر عثمان علی خاں میں مردوں کے دوش بدوش عورتیں بھی بیدار ہوگئی تھیں اور انھوں نے علم و فن، تمدن و معاشرت میں جو کچھ ترقی کی وہ لائق ستائش ہے۔ اس زمانہ میں تعلیم کے مختلف درجے قرار دئے گئے تھے ابتدائی، ثانوی اور، اعلیٰ اور پھر ثانوی کی دو قسمیں تھیں وسطانی اور فوقانی۔

ابتدائی -- سلطنت آصفیہ میں سرکاری طور پر سب سے پہلے ۱۲۳۲ف میں تعلیم نسواں پر توجہ دی گئی۔ ممالک محروسہ سرکار عالی میں ابتدائی مدارس نسواں کی تعداد صرف ۹، تھی جس میں سے ۳۷ سرکاری اور ۴۲ خانگی اور امدادی تھے۔ ان میں تعلیم پانے والی طالبات کی کل تعداد ۴۱۹۷۴ تھی۔ ایک پرائمری ماڈل اسکول بھی ۱۳۳۴ف میں قائم ہوا۔ یہاں پر مخلوط تعلیم کا جدید طرز سے کمسن بچوں کے لیے انتظام تھا۔ مالسٹری میتھڈ سے تعلیم دی جاتی تھی۔ بیگم سید جمال الدین اس مدرسہ کی صدر معلمہ تھیں جنھوں نے خود اٹلی جاکر مالسٹری اسکول میں تربیت حاصل کی تھی اور انگلستان کے مدارس میں بھی عملی تجربہ حاصل کیا تھا۔

مدارس وسطانیہ -- ۱۳۱۹ف میں مدارس وسطانیہ صرف ۲ تھے وہ بھی بلدہ کی حد تک اضلاع میں کوئی مدرسہ وسطانیہ نہیں تھا۔ معلمات کی تعداد ۱۸ اور سلور جوبلی تک ان کی تعداد بیس ہوگئی۔ سات سرکاری اور ۱۳ خانگی

امدادی ۔ طالبات کی تعداد ۳۳۷۸ ہوگئی ۔

مدرسہ فوقانیہ ۱۳۱۹ف میں تین ہائی اسکول تھے جن میں دو سرکاری اور ایک خانگی تھا ۔ ان کی طالبات کی تعداد ۲۴ تھی ۔ سلور جوبلی تک ہائی اسکول کی تعداد ۸ ہوگئی جس میں چار سرکاری اور چار امدادی مدارس تھے ۔ اور طالبات کی تعداد ۲۶۶۳ ہوگئی ۔ اس کے ساتھ ہی بعض مدارس کا ذکر دلچسپی کا باعث ہوگا ۔ ہائی اسکول نامپلی ۔ اس کا قیام ۱۳۰۰ف میں عمل میں آیا مگر انیس سال میں اس کی جملہ تعداد صرف ۶۵ تک پہنچی تھی ۔ اگرچہ یہاں یونیورسٹی کے کورس کے مطابق میٹرک کی تعلیم ہوتی تھی لیکن یونیورسٹی نے اس کو تسلیم نہیں کیا تھا ۔ ۱۳۱۶ف میں تین لڑکیاں امتحان میں شریک ہوئیں لیکن کوئی کامیاب نہیں ہوسکی ۔ البتہ امتحان مڈل میں تیرہ شریک ہوئیں اور نو کامیاب ہوئیں ۔ میر عثمان علی خاں کی تخت نشینی کے وقت ان کی تعداد ۹۵ ہوگئی اور سلور جوبلی تک ۵۷۹ رہی یہاں پر دو طرح کی تعلیم ہوتی تھی ایک تو سرکار عالی کے اسکول لیونگ سرٹیفکٹ کی اور دوسرے جامعہ عثمانیہ کی میٹرک کی ۔ اول الذکر یہاں سے فارغ ہو کر نظام کالج میں شریک ہوئی تھیں اور ثانی الذکر ویمنس کالج (کلیہ اناث) میں یہاں تعلیم کے علاوہ دست کاری، پکوان، سیون کے لیے بھی ٹیچرس موجود تھیں ۔ ڈاکٹر آمنہ پوپ اس درسگاہ کی صدر تھیں ۔ ان کے زمانہ میں اس مدرسہ کو بڑی ترقی ہوئی ۔ ان کی محنت اور دلچسپی کے باعث کلیہ اناث کا قیام عمل میں آیا ۔ خواتین دکن کی تعلیمی ترقی میں ان کا بڑا حصہ ہے ۔

محبوبیہ گرلز ہائی اسکول اس مدرسہ کا قیام نواب میر محبوب علی خاں

کے زمانہ میں ہوا ۔ ۱۹۰۷ میں ہوا لیکن میر عثمان علی خاں کے زمانہ میں اس مدرسہ کو بہت ترقی ہوئی ۔ مدرسہ کے قیام کے بارہ سال بعد ۱۳۱۸ م ۱۸۸۴ء میں یہاں صرف بائیس لڑکیاں تھیں اور سلور جوبلی تک ۳۴۴ لڑکیاں زیر تعلیم ہوگئیں ۔ اس کے علاوہ کنڈر گارٹن میں مخلوط تعلیم ہوتی تھی جو آج بھی اسی طرح ہے ۔ لڑکے اور لڑکیوں کی جملہ تعداد ۳۶۰ تھی ۔ اس مدرسہ کے تین حصے تھے یعنی کنڈر گارٹن، مڈل اسکول اور ہائی اسکول ۔ جو سینئر کیمبرج کی تعلیم کے لیے مختص تھا ۔ کنڈر گارٹن میں جدید اصول کے لیے ایک یوروپین خاتون کی نگرانی میں تعلیم ہوتی تھی ۔ مصوری کے لیے جو مختص ہوتی تھیں رائل ڈرائنگ سوسائٹی لندن کے ٹیچر آف آرٹس کے امتحان کے لیے تیار کروایا جاتا اور انہیں اعلیٰ درجہ کی مصوری کی تعلیم دی جاتی ۔ موسیقی کی جو تعلیم پاتی تھیں ان کو ٹرینٹی کالج آف میوزک لندن کے لیے تیار کیا جاتا تھا ۔ بزم ادب بھی قائم تھی ۔ سہ ماہی رسالہ اردو اور انگریزی زبان میں شائع ہوتا ۔ دوپہر کے کھانے کا خاص انتظام ہوتا ان کے لیے ایک صاف ستھرا اور خاص کھانے کا کمرہ تھا ۔ وہ خود اپنی سواری میں آتی تھیں ۔ مس لینن اس مدرسہ کی پرنسپل تھیں اور مس نندی نائب صدر تھیں ۔

اسٹانلی گرلز ہائی اسکول یہ مدرسہ مشن کے زیر اہتمام تھا جس کو سرکاری عالی سے ماہانہ دو سو روپے امداد دی جاتی تھی ۔ ۵۲۶ لڑکیاں سلور جوبلی کے وقت زیر تعلیم تھیں یہاں پر slc کی تعلیم ہوتی ۔ سینٹ جارج گرامر اسکول یہ مدرسہ بھی مشن کے زیر انتظام تھا ۔ سرکار عالی سے بھی اسکول امداد ملا کرتی ہے ۔ یہاں سینئر کیمبرج تک تعلیم ہوتی تھی اور اس وقت تقریباً سو

طالبات یہاں پر زیر تعلیم تھیں۔

مدرسہ فوقانیہ مفید الانام یہ بھی برہما چھتری خاندان کے ایک فرد راجہ بنسی لال صاحب کی کاوش سے وجود میں آیا تھا جو اعتبار چوک میں قائم ہوا۔ اس گلی کا نام ہی تعلیم گلی پڑگیا۔ اس کو بھی سرکار عالی سے امداد ملتی تھی۔ یہاں پر پردہ کا خاص انتظام ہوتا۔ سواری کے لیے شکرام مقرر تھی جس میں طالبات اور اساتذہ اسکول آتی تھیں۔ اس اسکول میں ایک خاص قسم کا ڈسپلن تھا اور یہاں برہما چھتری خاندان کی لڑکیوں کے علاوہ کائستھ خاندان کی لڑکیاں بھی پڑھتی تھیں۔ اور اس کے ساتھ ہی ساتھ اقرباء سرکار یعنی صاحبزادوں کی لڑکیاں اور پرانے شہر کے امراء کی لڑکیاں بھی اس اسکول میں زیر تعلیم تھیں اور اساتذہ بھی زیادہ تر انہی خاندانوں سے تعلق رکھتی تھیں۔ یہاں پر دوسرے مضامین کے علاوہ ہندی زبان بھی پڑھائی جاتی تھی جو دوسرے سرکاری مدارس میں اس وقت رائج نہیں تھی۔ فارسی وعربی اور دینیات کی بھی تعلیم دی جاتی اس کے ساتھ ہی ساتھ ہوم سائنس پکوان،، دستکاری، خیاطی، اون کا کام وغیرہ بھی لڑکیوں کو سکھلایا جاتا تھا۔ بعد میں یہ اسکول ہائی اسکول ہوگیا۔ اعلیٰ تعلیم نواب میر عثمان علی خاں سے پہلے خواتین کی اعلیٰ تعلیم کا کوئی انتظام نہیں تھا اور نہ کسی نے اعلیٰ تعلیم حاصل کی تھی۔ اس دور میں خواتین اعلیٰ تعلیم کا انتظام ہوا۔ چنانچہ اس دور میں تین کالجوں میں خواتین اعلیٰ تعلیم حاصل کرتی تھیں۔

ویمنس کالج (کلیہ) یہ جامعہ عثمانیہ سے ملحق ہے۔ ۱۳۲۲ میں اس کا قیام عمل میں آیا اور یہ نامپلی ہائی اسکول کی عمارت میں ہی قائم ہوا۔ یہاں بی

اے اور بی یس سی کی تعلیم ہوی تھی ۔ یہاں پر ایف اے اور بی اے اور ایف ایس سی اور بی یس سی کی تعلیم ہوی تھی ۔ طالبات کی کل تعداد ۴۲ تھی ۔ اس کالج کے قیام میں ڈاکٹر آمینہ پوپ کا بڑا حصہ ہے ۔ اس کلیہ کی اولین طالبات میں نوشابہ خاتون، درۃ البیضا بیگم، بشیر النسا بیگم محدی بیگم، سراج النسا بیگم، سلامت النسا بیگم، زہرہ بیگم، جہاں بانو نقوی، نجم النسا بیگم، شامل ہیں ۔ نظام کالج میں مخلوط تعلیم ہوتی تھی اور اس میں کل ۳۵ طالبات زیر تعلیم تھیں ۔ ایف اے بی اے سال اول میں (۳) آنرس (۱) ایف اے سال دوم (۱۰) بی اے سال دوم (۲) جملہ ۲۵ طالبات تھیں ۔

میڈیکل کالج جامعہ عثمانیہ سے متعلق میڈیکل کالج میں مخلوط تعلیم ہوتی تھی جن میں اولین طالبات میں چار لڑکیاں تھیں ۔ خیر النسا بیگم مس آر چٹو پادھیا (سروجنی نائیڈو) مس یم بٹ، مس ایس بٹ ۔

ٹیچرس ٹریننگ حیدرا باد میں ایک اور اضلاع میں دو مدرسے قائم کئے گے ۔ ان مدرسوں میں قیام کا بھی انتظام تھا اور پھر اسکول ٹریننگ کالج بنادیا گیا جس کی صدر خضور النساء بیگم ایم اے ۔ بی ٹی تھی ۔ بیروں ملک اعلی تعلیم لسوان نواب میر عثمان علی خان کے دور سے پہلے صرف دو خواتین نے اعلی تعلیم حاصل کی تھی ۔ لیکن اس دور میں باہر جاکر تعلیم حاصل کرنے کا انتظام کیا گیا جس میں سرفہرست خواتین حسب ذیل ہیں ۔

بادشاہ بیگم صوفی ۔ ایم اے علیگڈھ ۔ مس ایس چٹو پادھیابی اے ایل ٹی مدراس، مسز سباسٹئین بی اے ایل ٹی مدراس ۔ حضور النسا بیگم ایم اے بی ٹی لکھنو نور النسا بیگم بی اے لکھنو مس لیلا منی نائیڈو بی اے اکسفورڈ مس

جیسی نندی ام اے آنرس ٹیچرس ڈپلوما لندن مس میری نندی بی ایس سی لندن مس دورا نندی فروبل کورس لندن بیگم سید جمال الدین ڈپلوما مانٹیسری کورس اٹلی ، (لندن) بیگم زینی یار جنگ بی اے آکسفورڈ مس ویلنکر ڈپلوما (لندن) مصطفائی بیگم منشی فاضل (مدراس) خیروالنسا بیگم ایم بی ایس بمبئی سراج النسا بیگم فارسی طہران خدیجہ بیگم کنڈرگارمن ڈپلوما مانٹیسری (لندن) تعلیم جسمانی نجم النسا بیگم کو خاص طور پر لندن بھجوایا گیا اور ایک مہتمم مس اسپرس شاہ جو بعد میں Biddle کا تقرر کیا گیا اور ایک ٹریننگ کالج بھی مس شاہ کی نگرانی میں قائم ہوا جس کی اولین طالبات میں آمنہ سلطانہ توصیف النسا افسر سلطانہ وغیرہ شامل ہیں۔

تاریخ حیدرآباد دکن پر

مکرم نیاز

کی مرتب کردہ کتاب

حیدرآباد دکن: کچھ یادیں کچھ جھلکیاں

بین الاقوامی ایڈیشن درج ذیل معروف بک اسٹورس پر دستیاب ہے

Barnes & Noble

Amazon.com

Ebay.com